오정화 회계학

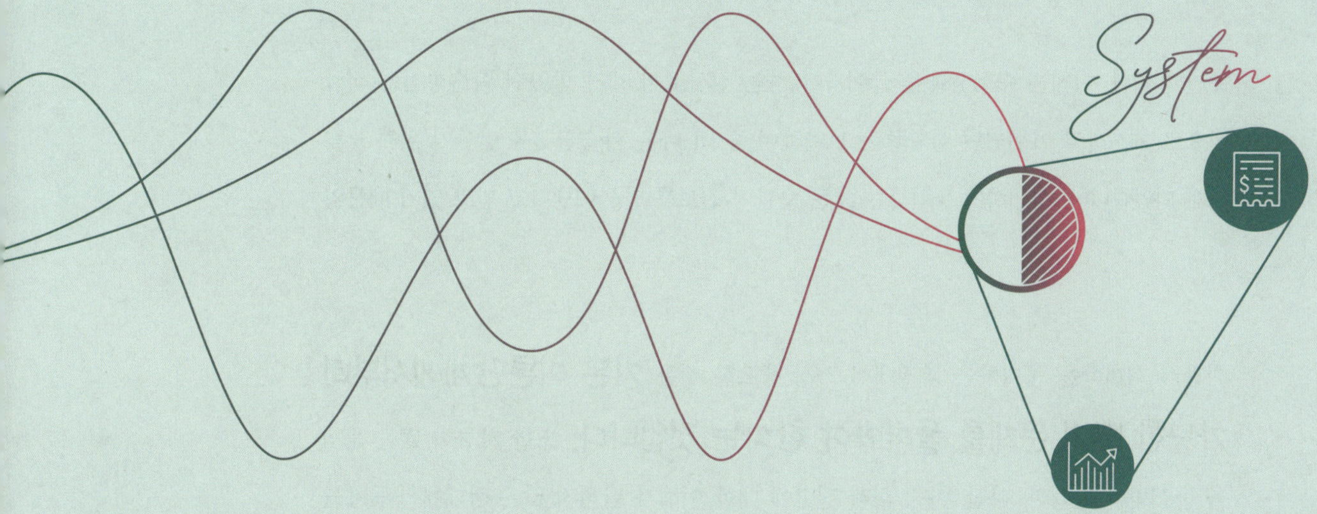

매일회계

넥스트스터디

이제, 더 이상 아쉬움을 아쉬움으로만 남기지 않고 하나씩 만들어가려고 합니다. 저의 100시간의 노력이 여러분을 회계의 늪에서 건져 올릴 수 있다면, 취업의 절벽 앞에서 절박한 눈물을 짓는 모습을 보지 않아도 된다면, 그것으로 충분합니다.

더 많이 고민하고, 더 진보한 학습장치들을 만들기 위해 최선의 노력을 기울이겠습니다. 각자의 역할에서 '최선'이라는 강한 무기를 장착하면, 못 뚫을 벽이 있을까 싶습니다. 여러분도 최선을 다 해주십시오.

2025년 5월

오 정 화

How to Study 이 책의 구성과 학습법

단원별 문제로 구성

재무회계 이론을 학습한 후 매일 복습하는 과정에서 문제를 풀어볼 수 있도록 구성되어 있습니다. 단원별 진도에 맞게, 그리고 학습량에 맞게 문제가 구성되어 있으므로 기본이론과 병행하시길 바랍니다.

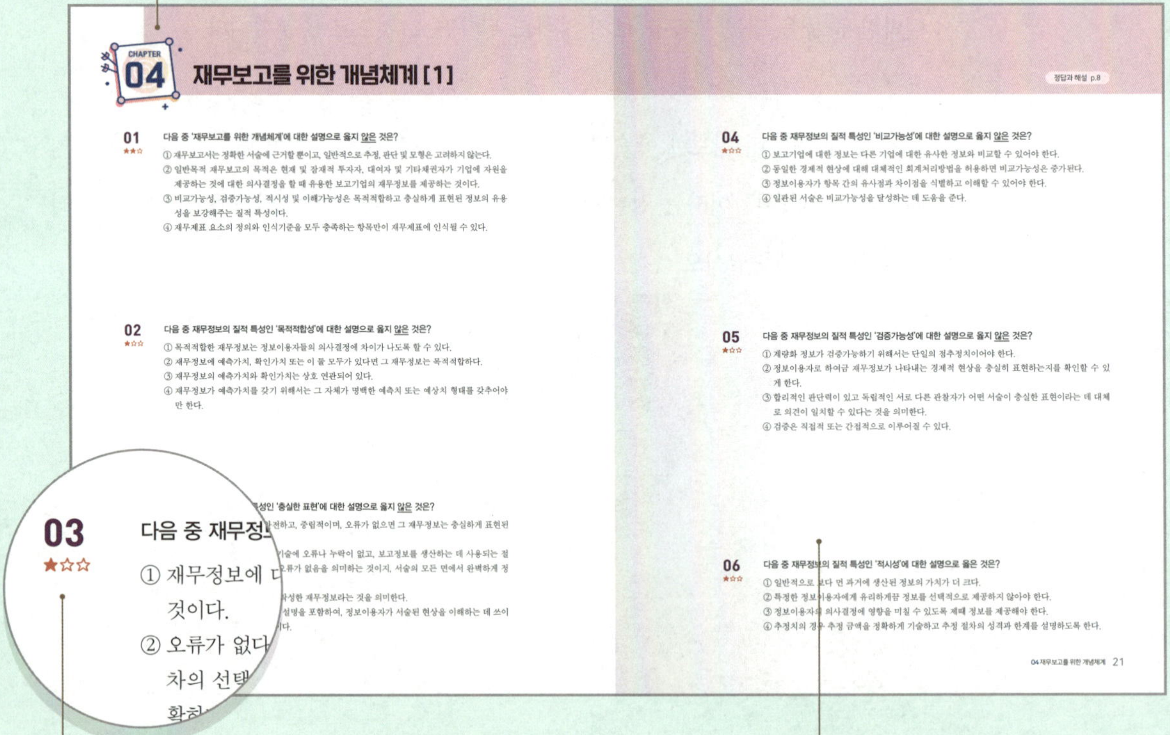

CHAPTER 04 재무보고를 위한 개념체계 [1]

정답과 해설 p.8

01 ★★☆ 다음 중 '재무보고를 위한 개념체계'에 대한 설명으로 옳지 않은 것은?

① 재무보고서는 정확한 서술에 근거할 뿐이고, 일반적으로 추정, 판단 및 모형은 고려하지 않는다.
② 일반목적 재무보고의 목적은 현재 및 잠재적 투자자, 대여자 및 기타채권자가 기업에 자원을 제공하는 것에 대한 의사결정을 할 때 유용한 보고기업의 재무정보를 제공하는 것이다.
③ 비교가능성, 검증가능성, 적시성 및 이해가능성은 목적적합하고 충실하게 표현된 정보의 유용성을 보강해주는 질적 특성이다.
④ 재무제표 요소의 정의와 인식기준을 모두 충족하는 항목만이 재무제표에 인식될 수 있다.

02 ★☆☆ 다음 중 재무정보의 질적 특성인 '목적적합성'에 대한 설명으로 옳지 않은 것은?

① 목적적합한 재무정보는 정보이용자들의 의사결정에 차이가 나도록 할 수 있다.
② 재무정보에 예측가치, 확인가치 또는 이 둘 모두가 있다면 그 재무정보는 목적적합하다.
③ 재무정보의 예측가치와 확인가치는 상호 연관되어 있다.
④ 재무정보가 예측가치를 갖기 위해서는 그 자체가 명백한 예측치 또는 예상치 형태를 갖추어야만 한다.

03 ★☆☆ 다음 중 재무정보의 질적 특성인 '충실한 표현'에 대한 설명으로 옳지 않은 것은?

① 재무정보에 ... 완전하고, 중립적이며, 오류가 없으면 그 재무정보는 충실하게 표현된 것이다.
② 오류가 없다 ... 기술에 오류나 누락이 없고, 보고정보를 생산하는 데 사용되는 절차의 선택 ... 오류가 없음을 의미하는 것이지, 서술의 모든 면에서 완벽하게 정확하 ...
... 작성한 재무정보라는 것을 의미한다.
... 설명을 포함하여, 정보이용자가 서술된 현상을 이해하는 데 쓰이 ... 다.

04 ★☆☆ 다음 중 재무정보의 질적 특성인 '비교가능성'에 대한 설명으로 옳지 않은 것은?

① 보고기업에 대한 정보는 다른 기업에 대한 유사한 정보와 비교할 수 있어야 한다.
② 동일한 경제적 현상에 대해 대체적인 회계처리방법을 허용하면 비교가능성은 증가된다.
③ 정보이용자가 항목 간의 유사점과 차이점을 식별하고 이해할 수 있어야 한다.
④ 일관된 서술은 비교가능성을 달성하는 데 도움을 준다.

05 ★☆☆ 다음 중 재무정보의 질적 특성인 '검증가능성'에 대한 설명으로 옳지 않은 것은?

① 계량화 정보가 검증가능하기 위해서는 단일의 점추정치이어야 한다.
② 정보이용자로 하여금 재무정보가 나타내는 경제적 현상을 충실히 표현하는지를 확인할 수 있게 한다.
③ 합리적인 판단력이 있고 독립적인 서로 다른 관찰자가 어떤 서술이 충실한 표현이라는 데 대체로 의견이 일치할 수 있다는 것을 의미한다.
④ 검증은 직접적 또는 간접적으로 이루어질 수 있다.

06 ★☆☆ 다음 중 재무정보의 질적 특성인 '적시성'에 대한 설명으로 옳은 것은?

① 일반적으로 보다 먼 과거에 생산된 정보의 가치가 더 크다.
② 특정한 정보이용자에게 유리하게끔 정보를 선택적으로 제공하지 않아야 한다.
③ 정보이용자의 의사결정에 영향을 미칠 수 있도록 제때 정보를 제공해야 한다.
④ 추정치의 경우 추정 금액을 정확하게 기술하고 추정 절차의 성격과 한계를 설명하도록 한다.

04 재무보고를 위한 개념체계 21

난도 표시

회계를 처음 시작하시는 분들을 대상으로 만든 문제풀이 책이라서 아직 난도에 대한 감이 없을 수 있습니다. 그러므로 문항별 난도가 표시되어 있습니다. 1회독 때는 난도 '중, 하'를 기준으로 복습하고, 1회독이 끝난 후 난도 '상'의 문제에 도전해보시기를 추천합니다. 능력에 맞는 문항들로 복습하면서 단계별로 실력을 끌어갔으면 하는 바람에서 난도를 '상, 중, 하'로 구성하였습니다.

해설 강화

해설을 최대한 상세히 기술했습니다. 복습하는 과정에서 문제풀이의 해법을 몰라 답답함을 느낄 수 있는 상황을 만들지 않기 위해 노력했습니다. 또한 해설 과정에서 중요한 부분은 볼드 표시를 통해 강조하였습니다. 문제마다의 중요한 접근 포인트가 있으므로, 이를 잘 기억하고 비슷한 문제에 적용해보는 것도 응용력을 요구하는 회계학 시험에서 중요한 요소입니다.

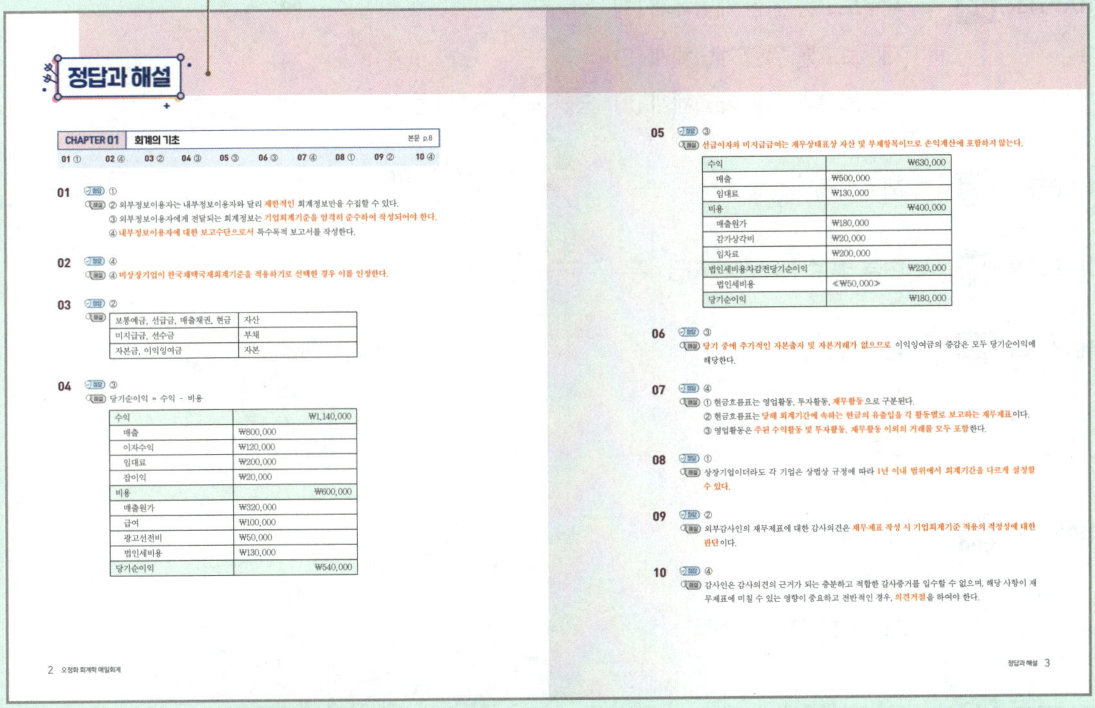

정답과 해설

CHAPTER 01	회계의 기초	본문 p.8

01 ① 02 ④ 03 ② 04 ③ 05 ③ 06 ③ 07 ④ 08 ① 09 ② 10 ④

01 정답 ①

해설 ② 외부정보이용자는 내부정보이용자와 달리 **제한적인** 회계정보만을 수집할 수 있다.
③ 외부정보이용자에게 전달되는 회계정보는 **기업회계기준을 엄격히 준수하여 작성되어야 한다.**
④ **내부정보이용자에 대한 보고수단으로서** 특수목적 보고서를 작성한다.

02 정답 ④

해설 ④ **비상장기업이 한국채택국제회계기준을 적용하기로 선택한 경우 이를 인정한다.**

03 정답 ②

해설

보통예금, 선급금, 매출채권, 현금	자산
미지급금, 선수금	부채
자본금, 이익잉여금	자본

04 정답 ③

해설 당기순이익 = 수익 - 비용

수익		₩1,140,000
매출	₩800,000	
이자수익	₩120,000	
임대료	₩200,000	
잡이익	₩20,000	
비용		₩600,000
매출원가	₩320,000	
급여	₩100,000	
광고선전비	₩50,000	
법인세비용	₩130,000	
당기순이익		₩540,000

2 오정화 회계학 매일회계

05 정답 ③

해설 **선급이자와 미지급급여는 재무상태표상 자산 및 부채항목이므로 손익계산에 포함하지 않는다.**

수익		₩630,000
매출	₩500,000	
임대료	₩130,000	
비용		₩400,000
매출원가	₩180,000	
감가상각비	₩20,000	
임차료	₩200,000	
법인세비용차감전당기순이익		₩230,000
법인세비용	≪₩50,000≫	
당기순이익		₩180,000

06 정답 ③

해설 **당기 중에 추가적인 자본출자 및 자본거래가 없으므로** 이익잉여금의 증감은 모두 당기순이익에 해당한다.

07 정답 ④

해설 ① 현금흐름표는 영업활동, 투자활동, **재무활동**으로 구분된다.
② 현금흐름표는 **당해 회계기간에 속하는 현금의 유출입을 각 활동별로 보고하는 재무제표**이다.
③ 영업활동은 **주된 수익활동 및 투자활동, 재무활동 이외의 거래를 모두 포함**한다.

08 정답 ①

해설 상장기업이더라도 각 기업은 상법상 규정에 따라 **1년 이내 범위에서 회계기간을 다르게 설정할 수 있다.**

09 정답 ②

해설 외부감사인의 재무제표에 대한 감사의견은 **재무제표 작성 시 기업회계기준 적용의 적정성에 대한 판단**이다.

10 정답 ④

해설 감사인은 감사의견의 근거가 되는 충분하고 적합한 감사증거를 입수할 수 없으며, 해당 사항이 재무제표에 미칠 수 있는 영향이 중요하고 전반적인 경우, **의견거절**을 하여야 한다.

정답과 해설 3

하프 모의고사

객관식 회계학 시험에서 가장 힘든 점은 시간 안에 풀어야 하는 압박감을 견뎌야 한다는 것입니다. 극복해야 하는 상황은 가능한 빨리 맞닥뜨리는 것이 좋습니다.

'매일회계'는 하프 모의고사 형태로 구성되어 있으니, 매 순간 실전처럼 10분 안에 풀어내기 위해 노력하시면 시간의 압박을 견디며 풀어야 하는 회계학 시험에서 긴장감에 대한 내성을 길러낼 수도 있습니다.

Contents 차례

CHAPTER 01

회계의 기초

01

★☆☆

다음 중 재무회계에 대한 설명으로 옳은 것은?

① 외부정보이용자를 위해 공시할 목적으로 작성된 회계이다.
② 외부정보이용자는 내부정보이용자와 달리 제한 없이 회계정보를 수집할 수 있다.
③ 외부정보이용자에게 전달되는 회계정보는 일정한 형식이나 규칙을 요구하지 않는다.
④ 외부정보이용자의 회계정보에 대한 이해를 돕기 위하여 특수목적 보고서를 별도로 작성한다.

02

★☆☆

다음 중 기업회계기준에 대한 설명으로 옳지 않은 것은?

① 우리나라는 금융위원회가 기업회계기준에 대한 제정권한을 가지고 있으나 실제 제정은 한국회계기준원에서 수행한다.
② 우리나라는 3원화된 기업회계기준을 적용하고 있다.
③ 한국채택국제회계기준은 공정가치 개념을 확대하여 적용하는 내용을 포함한다.
④ 한국채택국제회계기준은 상장기업에만 적용될 뿐이고, 비상장기업은 이를 선택할 수 없다.

03

★☆☆

다음 중 재무상태표상 자산에 해당하는 항목만으로 묶은 것은?

ㄱ. 보통예금	ㄴ. 자본금	ㄷ. 선급금	ㄹ. 미지급금
ㅁ. 선수금	ㅂ. 매출채권	ㅅ. 이익잉여금	ㅇ. 현금

① ㄱ, ㅂ
② ㄱ, ㄷ, ㅂ, ㅇ
③ ㄱ, ㄷ, ㄹ, ㅂ, ㅇ
④ ㄱ, ㄴ, ㅁ, ㅇ

정답과 해설 p.2

04 ★★☆

다음 자료를 이용하여 계산한 ㈜대한의 당기순이익은?

• 매출	₩800,000
• 매출원가	₩320,000
• 급여	₩100,000
• 광고선전비	₩50,000
• 이자수익	₩120,000
• 임대료	₩200,000
• 법인세비용	₩130,000
• 잡이익	₩20,000

① ₩670,000
② ₩650,000
③ ₩540,000
④ ₩520,000

05 ★★☆

다음 자료를 이용하여 계산한 ㈜민국의 법인세비용은?

• 매출	₩500,000
• 매출원가	₩180,000
• 미지급급여	₩100,000
• 감가상각비	₩20,000
• 선급이자	₩120,000
• 임대료	₩130,000
• 임차료	₩200,000
• 법인세비용	?
• 당기순이익	₩180,000

① ₩30,000
② ₩40,000
③ ₩50,000
④ ₩60,000

06 ★★☆

다음 자료를 이용하여 계산한 ㈜만세의 당기순이익은? (단, 당기 중에 추가적인 자본출자 및 자본거래는 없다.)

기초재무상태표				기말재무상태표			
현금	₩10,000	장기차입금	₩2,000	현금	₩12,000	장기차입금	₩1,400
건물	₩20,000	자본금	₩5,000	건물	₩20,000	자본금	₩5,000
제품	₩3,200	이익잉여금	₩26,200	제품	₩3,000	이익잉여금	₩28,600
합계	₩33,200	합계	₩33,200	합계	₩35,000	합계	₩35,000

① ₩1,800
② ₩2,300
③ ₩2,400
④ ₩3,000

07 ★☆☆

다음 중 현금흐름표에 대한 설명으로 옳은 것은?

① 현금흐름표는 영업활동, 투자활동, 자금활동으로 구분된다.
② 현금흐름표는 일정 기간 동안 발생한 수익과 비용의 총액을 보고하는 재무제표이다.
③ 영업활동은 기업의 이익에 직접적인 영향을 미치는 항목만을 포함한다.
④ 투자활동은 투자와 회수, 재무활동은 자금의 조달과 상환에 관한 현금의 유출입을 포함한다.

08 ★☆☆

다음 중 재무제표와 회계기간에 대한 설명으로 옳지 <u>않은</u> 것은?

① 모든 상장기업의 한 회계기간은 1월 1일부터 12월 31일까지이다.
② 자본은 자산에서 부채를 차감한 잔여지분을 의미하므로 그 자체를 직접 측정할 수 있는 개념이 아니다.
③ 주석은 재무제표 본문에 표시된 정보를 이해하는 데 도움이 되는 정보를 제공하는 재무제표이다.
④ 이익잉여금처분계산서는 재무제표에 포함되지 않는다.

09

★★☆

다음 중 「주식회사 등의 외부감사에 관한 법률」에 따른 제도에 대한 설명으로 옳지 않은 것은?

① 기업의 대표이사와 회계담당 임원은 재무제표를 작성할 책임을 부담한다.
② 외부감사인의 재무제표에 대한 감사의견은 해당 기업의 투자적정성에 대한 판단이다.
③ 외부감사인에 의한 회계감사를 받아야 하는 주식회사는 법률로써 정해져 있다.
④ 적정의견은 기업의 재산상태나 경영의 성과에 대한 건전성을 입증하지 않는다.

10

★☆☆

다음 설명에 해당하는 감사의견은?

외부감사인이 감사의견을 형성하는 데 필요한 합리적인 증거를 얻지 못하여 재무제표 전체에 대한 의견표명이 불가능한 경우 나타내는 의견

① 적정의견
② 한정의견
③ 부적정의견
④ 의견거절

CHAPTER 02

복식부기와 거래의 기록

01 ★☆☆

다음 중 회계상 거래에 해당하는 항목만으로 묶은 것은?

ㄱ. 원재료 ₩225,000을 구입하기 위하여 주문서를 발송하였다.
ㄴ. 현금 ₩5,000,000을 출자하여 회사를 설립하였다.
ㄷ. 건물 ₩1,200,000을 구입하기로 계약서에 날인하였다.
ㄹ. 창고에 보관하고 있던 제품 ₩700,000을 도난당했다.

① ㄱ, ㄴ
② ㄱ, ㄷ
③ ㄴ, ㄹ
④ ㄴ, ㄷ

02 ★★☆

다음 중 자산총액, 부채총액 및 자본총액의 변동이 없는 것은?

① ㈜대한은 고객에게 용역을 제공하고 현금 ₩1,000을 수령하였다.
② ㈜민국은 기계장치 ₩150를 매입하고 그 대가로 어음을 교부하였다.
③ ㈜만세는 유상증자를 하였다.
④ ㈜백두는 건물 ₩3,000을 매각하고 그 대가를 1개월 후에 수령하기로 하였다.

03 ★★☆

다음은 (A)계정의 전기내역에 관한 자료이다. (A)에 들어갈 계정과목으로 옳은 것은?

(A)

차변			대변		
	• • •			• • •	
4월 5일	현금	XXX	4월 10일	상품매입	XXX
4월 15일	매입환출	XXX			
	• • •			• • •	

① 매출채권
② 매입채무
③ 상품
④ 미지급금

정답과 해설 p.4

04
★☆☆

다음은 ㈜한라의 X1년 거래 내역이다. 이를 미지급금 계정에 옳게 전기한 것은?

- 1월 5일 : 소모품 ₩10,000을 외상으로 구입하였다.
- 4월 9일 : 고객에게 용역을 제공하였으나 대가 ₩42,000는 아직 받지 못했다.
- 6월 15일 : 소모품 외상 대금 ₩10,000을 현금으로 지급하였다.
- 7월 21일 : 종업원 1명을 연봉 ₩200,000을 지급하기로 계약하고 신규 채용하였다.
- 7월 25일 : 종업원 교육훈련비 ₩5,000가 발생하였으나 결제하지 않았다.

① 미지급금

차변			대변		
			1월 5일	소모품	₩10,000
			7월 25일	교육훈련비	₩5,000

② 미지급금

차변			대변		
6월 15일	현금	₩10,000	1월 5일	소모품	₩10,000
			7월 21일	급여	₩200,000
			7월 25일	교육훈련비	₩5,000

③ 미지급금

차변			대변		
6월 15일	현금	₩10,000	1월 5일	소모품	₩10,000
			4월 9일	매출	₩42,000
			7월 25일	교육훈련비	₩5,000

④ 미지급금

차변			대변		
6월 15일	현금	₩10,000	1월 5일	소모품	₩10,000
			7월 25일	교육훈련비	₩5,000

05
★☆☆

다음 중 계정과목 잔액이 시산표상 차변에 나타나는 항목은?

① 감가상각비
② 이익잉여금
③ 임대료
④ 선수금

06 ★☆☆

다음은 ㈜독도의 합계시산표 일부이다. 이를 이용하여 계산한 당기 매출액은? (단, 기초매출채권은 ₩10,000이며, 모든 거래는 외상으로 이루어진다.)

합계시산표

차변	계정과목	대변
₩43,000	• • • 매출채권 • • •	₩28,000
XXX	합계	XXX

① ₩15,000
② ₩33,000
③ ₩43,000
④ ₩45,000

07 ★☆☆

다음 설명에 해당하는 개념은?

> 회계상 거래의 발생원인과 그 결과를 동시에 기록하는 방식으로, 대차평균의 원리를 기반으로 한다.

① 현금주의
② 수익·비용 대응의 원칙
③ 복식부기
④ 보수주의

08 ★★☆

다음은 총계정원장의 일부 자료이다. 3월 25일의 거래 내용을 옳게 추정한 것은?

현금

차변			대변		
3월 5일	자본금	₩100,000	3월 25일	이자비용	₩5,000
3월 10일	매출채권	₩30,000	3월 25일	매입채무	₩22,500

이자비용

차변			대변
3월 25일	현금	₩5,000	

매입채무

차변			대변
3월 25일	현금	₩22,500	

① 매입채무 ₩22,500을 이행하고, 장기차입금에 대한 이자 ₩5,000을 지급하였다.
② 장기차입금에 대한 이자 ₩5,000을 수취하였다.
③ 현금 ₩27,500을 빌려왔다.
④ 현금 ₩27,500을 빌려주고, 장기차입금에 대한 이자 ₩5,000을 지급하였다.

09
★★☆

다음은 현금 관련 거래를 분개한 것이다. 이에 대한 설명으로 옳지 않은 것은?

① (차) 기계장치 ₩20,000 (대) 현금 ₩20,000

기계장치 ₩20,000을 현금으로 구매하였다.

② (차) 감가상각비 ₩5,000 (대) 현금 ₩5,000

기계장치에 대한 감가상각비 ₩5,000을 인식하였다.

③ (차) 현금 ₩13,000 (대) 이자수익 ₩13,000

정기예금에 대한 이자 ₩13,000을 수령하였다.

④ (차) 현금 ₩100,000 (대) 매출 ₩100,000

(차) 매출원가 ₩40,000 (대) 상품 ₩40,000

상품 ₩40,000을 현금 ₩100,000에 판매하였다.

10
★☆☆

다음 중 시산표에서 발견할 수 있는 오류로 옳지 않은 것은?

① 비품을 현금으로 구입하였으나 현금 지급에 관한 회계처리를 누락하였다.
② 착오로 인해 차입금계정의 잔액을 기계장치계정의 차변에 기입하였다.
③ 급여를 지급하고 이를 현금계정의 대변과 비용계정의 대변에 기입하였다.
④ 착오로 인해 대여금계정의 잔액을 기계장치계정의 차변에 기입하였다.

CHAPTER 03

회계의 순환과정

01 ★☆☆

다음 중 기말결산과정에 대한 설명으로 옳지 않은 것은?

① 이월시산표는 회계의 순환과정 중 가장 마지막 단계에서 작성한다.
② 마감분개는 손익계산서 계정을 마감하여 영(0)의 상태로 만드는 분개이다.
③ 수정후시산표를 토대로 재무상태표와 손익계산서를 작성한다.
④ 기말수정분개는 기업이 기중에 수정후시산표에 전기한 내용을 현금주의 회계로 수정하는 분개이다.

02 ★★☆

다음 중 기말수정분개가 당기순이익에 미치는 영향이 다른 것은?

① 12월 1일에 1년간 보험료 ₩120,000을 현금으로 지급하면서 전액 보험료로 기록하였다.
② 10월 15일에 1년 만기 정기예금(연 4% 이자율) ₩50,000에 가입하였으나, 결산일까지 이자수령일이 도래하지 않아 관련 회계처리는 하지 않았다.
③ 비품의 감가상각비 ₩1,200에 관한 회계처리를 하지 않았다.
④ 11월 10일에 소모품 ₩60,000을 현금으로 구입하면서 전액 비용으로 인식하였으나, 결산일에 미사용 소모품 ₩15,000이 존재함을 확인하였다.

정답과 해설 p.6

03
★★☆

다음 자료를 이용하여 추정한 기말수정분개로 옳지 않은 것은?

구분	계정과목	수정전시산표	수정후시산표
(A)	이자수익	₩10,000	₩11,500
	미수이자	₩3,000	₩4,500
(B)	소모품	₩7,000	₩2,500
	소모품비	-	₩4,500
(C)	선급임차료	₩2,800	₩800
	임차료	₩3,000	₩5,000
(D)	상품	₩1,500	₩2,500
	매입	₩6,000	-
	매출원가	-	₩5,000

① (A) (차) 미수이자 ₩1,500 (대) 이자수익 ₩1,500
② (B) (차) 소모품비 ₩4,500 (대) 소모품 ₩4,500
③ (C) (차) 임차료 ₩2,000 (대) 선급임차료 ₩2,000
④ (D) (차) 매출원가 ₩6,000 (대) 매입 ₩7,000
상품 ₩1,000

04
★☆☆

㈜대한은 당기 중에 소모품 ₩100,000을 현금으로 구입하면서 전액 자산으로 인식하였다. 결산일 현재 미사용 소모품 ₩25,000이 존재함을 확인하였다. 한편, ㈜대한은 동 소모품과 관련된 기말수정분개를 누락하였다. 그 결과 ㈜대한의 X1년 재무제표에 미치는 영향으로 옳은 것은?

① 자산 ₩25,000 과대계상, 당기순이익 ₩25,000 과대계상
② 자산 ₩25,000 과소계상, 당기순이익 ₩75,000 과대계상
③ 자산 ₩75,000 과대계상, 당기순이익 ₩75,000 과대계상
④ 자산 ₩75,000 과소계상, 당기순이익 ₩25,000 과소계상

05
★☆☆

㈜민국은 X1년 6월 1일에 1년간 토지 임대료 ₩120,000를 현금으로 수취하면서 전액 수익으로 인식하였다. 한편, ㈜민국은 동 임대료와 관련된 기말수정분개를 누락하였다. 그 결과 ㈜민국의 X1년 재무제표에 미치는 영향으로 옳은 것은? (단, 임대료는 월할 계산한다.)

① 부채 ₩50,000 과소계상
② 부채 ₩60,000 과소계상
③ 수익 ₩50,000 과소계상
④ 자산 ₩50,000 과대계상

06
★★☆

다음 자료를 기말 결산 시 반영하는 경우 재무상태표상 자산에 포함되는 금액은?

- 기중에 구입한 소모품 ₩1,000,000을 전액 비용으로 처리하였으나 기말 현재 미사용 소모품 ₩200,000이 존재함을 확인하였다.
- X1년 9월 1일에 1년간 보험료 ₩24,000를 지급하고 전액 자산으로 처리하였다.
- 기말 현재 선수수익 ₩60,000의 3분의 1에 해당하는 용역을 제공하였다.

① ₩200,000
② ₩216,000
③ ₩230,000
④ ₩256,000

07
★☆☆

다음 자료를 기말 결산 시 반영하는 경우 당기순이익은? (단, 반영 전 당기순이익은 ₩1,000이다.)

• 선수수익	₩100	• 미수수익	₩150
• 선급비용	₩300	• 미지급비용	₩250

① ₩750
② ₩850
③ ₩1,050
④ ₩1,100

08 ★☆☆

다음 중 집합손익계정에 대한 설명으로 옳지 않은 것은?

① 집합손익계정은 손익계산서 계정의 마감을 위해 쓰이는 임시 계정이다.
② 집합손익계정의 잔액은 당기순손익으로 보고되며, 재무상태표상 이익잉여금 계정으로 마감된다.
③ 집합손익계정은 그 자체로 재무제표에 보고되지 않는다.
④ 집합손익계정으로 집합되는 계정은 이자수익, 임대료수익, 선급임차료 등의 손익계산서 계정이다.

09 ★☆☆

다음은 총 계정원장의 일부 자료이다. 이에 대한 설명으로 옳지 않은 것은?

이자수익

차변			대변		
			1월 1일	현금	₩100,000
			3월 5일	미수이자	₩20,000

미수이자

차변			대변		
3월 5일	이자수익	₩20,000	4월 7일	현금	₩5,000

① 포괄손익계산서상에 인식할 이자수익은 ₩120,000이다.
② 장부 마감 시 미수이자계정원장의 대변에 집합손익 ₩15,000으로 마감한다.
③ 장부 마감 시 이자수익계정원장의 차변에 집합손익 ₩120,000으로 마감한다.
④ 현금주의 관점에 따른 이자수익은 ₩105,000이다.

10 ★★☆

다음 중 기말수정분개에 대한 설명으로 옳지 않은 것은?

① 건물에 대한 감가상각비를 인식한다.
② 장래에 용역을 제공하기로 하고 대금을 미리 받아 부채로 처리한 몫에 대하여 기말까지 계약을 이행한 부분은 선수수익으로, 그렇지 아니한 부분은 자산으로 계상한다.
③ 취득 시 자산으로 처리한 소모품에 대하여 기말까지 사용한 만큼 자산을 차감하고 비용 처리한다.
④ 발생 시 아무런 회계처리를 하지 않은 전기료에 대하여 기말에 비용을 인식한다.

CHAPTER 04

재무보고를 위한 개념체계 [1]

01 ★★☆

다음 중 '재무보고를 위한 개념체계'에 대한 설명으로 옳지 않은 것은?

① 재무보고서는 정확한 서술에 근거할 뿐이고, 일반적으로 추정, 판단 및 모형은 고려하지 않는다.

② 일반목적 재무보고의 목적은 현재 및 잠재적 투자자, 대여자 및 기타채권자가 기업에 자원을 제공하는 것에 대한 의사결정을 할 때 유용한 보고기업의 재무정보를 제공하는 것이다.

③ 비교가능성, 검증가능성, 적시성 및 이해가능성은 목적적합하고 충실하게 표현된 정보의 유용성을 보강해주는 질적 특성이다.

④ 재무제표 요소의 정의와 인식기준을 모두 충족하는 항목만이 재무제표에 인식될 수 있다.

02 ★☆☆

다음 중 재무정보의 질적 특성인 '목적적합성'에 대한 설명으로 옳지 않은 것은?

① 목적적합한 재무정보는 정보이용자들의 의사결정에 차이가 나도록 할 수 있다.

② 재무정보에 예측가치, 확인가치 또는 이 둘 모두가 있다면 그 재무정보는 목적적합하다.

③ 재무정보의 예측가치와 확인가치는 상호 연관되어 있다.

④ 재무정보가 예측가치를 갖기 위해서는 그 자체가 명백한 예측치 또는 예상치 형태를 갖추어야만 한다.

03 ★☆☆

다음 중 재무정보의 질적 특성인 '충실한 표현'에 대한 설명으로 옳지 않은 것은?

① 재무정보에 대한 서술이 완전하고, 중립적이며, 오류가 없으면 그 재무정보는 충실하게 표현된 것이다.

② 오류가 없다는 것은 현상의 기술에 오류나 누락이 없고, 보고정보를 생산하는 데 사용되는 절차의 선택과 적용 시 절차상 오류가 없음을 의미하는 것이지, 서술의 모든 면에서 완벽하게 정확하다는 것은 아니다.

③ 중립적 서술은 공인회계사가 작성한 재무정보라는 것을 의미한다.

④ 완전한 서술은 필요한 기술과 설명을 포함하여, 정보이용자가 서술된 현상을 이해하는 데 쓰이는 모든 정보를 포괄하는 것이다.

정답과 해설 p.8

04 ★☆☆

다음 중 재무정보의 질적 특성인 '비교가능성'에 대한 설명으로 옳지 않은 것은?

① 보고기업에 대한 정보는 다른 기업에 대한 유사한 정보와 비교할 수 있어야 한다.
② 동일한 경제적 현상에 대해 대체적인 회계처리방법을 허용하면 비교가능성은 증가된다.
③ 정보이용자가 항목 간의 유사점과 차이점을 식별하고 이해할 수 있어야 한다.
④ 일관된 서술은 비교가능성을 달성하는 데 도움을 준다.

05 ★☆☆

다음 중 재무정보의 질적 특성인 '검증가능성'에 대한 설명으로 옳지 않은 것은?

① 계량화 정보가 검증가능하기 위해서는 단일의 점추정치이어야 한다.
② 정보이용자로 하여금 재무정보가 나타내는 경제적 현상을 충실히 표현하는지를 확인할 수 있게 한다.
③ 합리적인 판단력이 있고 독립적인 서로 다른 관찰자가 어떤 서술이 충실한 표현이라는 데 대체로 의견이 일치할 수 있다는 것을 의미한다.
④ 검증은 직접적 또는 간접적으로 이루어질 수 있다.

06 ★☆☆

다음 중 재무정보의 질적 특성인 '적시성'에 대한 설명으로 옳은 것은?

① 일반적으로 보다 먼 과거에 생산된 정보의 가치가 더 크다.
② 특정한 정보이용자에게 유리하게끔 정보를 선택적으로 제공하지 않아야 한다.
③ 정보이용자의 의사결정에 영향을 미칠 수 있도록 제때 정보를 제공해야 한다.
④ 추정치의 경우 추정 금액을 정확하게 기술하고 추정 절차의 성격과 한계를 설명하도록 한다.

07 ★☆☆

다음 중 재무정보의 질적 특성인 '이해가능성'에 대한 설명으로 옳지 않은 것은?

① 정보는 의사결정자가 이해할 수 있도록 명확하고 간결하게 분류하고, 특징지으며, 표시하여야 한다.

② 정보이용자는 경영 및 경제활동과 회계에 대한 합리적인 지식을 가지고 있으며 관련 정보를 분석하기 위하여 합리적인 노력을 기울일 의지가 있는 것으로 가정한다.

③ 단지 현상이 복잡하다는 이유만으로 그 정보를 재무보고에서 제외하는 것은 잠재적으로 정보이용자를 오도할 수 있다.

④ 다른 보강적 질적 특성과 달리, 목적적합하지 않거나 충실하게 표현되지 않은 재무정보도 이해가능성을 갖추면 유용하다.

08 ★★☆

다음 중 '재무보고를 위한 개념체계'에서 규정하고 있는 일반목적 재무제표에 대한 설명으로 옳지 않은 것은?

① 재무제표의 종류로 재무상태표, 포괄손익계산서, 자본변동표, 현금흐름표, 주석이 있다.

② 재무상태표는 보고기간 말에 존재하는 자산, 부채 및 자본에 대한 정보를 포함한다.

③ 재무성과표는 보고기간 동안에 발생한 수익과 비용에 대한 정보를 포함한다.

④ 특정한 집단의 관점이 아닌, 보고기업 전체의 관점에서 거래 및 그 밖의 사건에 대한 정보를 제공한다.

09

★☆☆

다음 중 '재무보고를 위한 개념체계'에서 규정하고 있는 기본가정에 대한 설명으로 옳지 않은 것은?

① 계속기업을 가정하여 재무상태표 계정을 역사적 원가로 측정할 수 있다.

② 경영활동을 실제로 청산하거나 중요하게 축소한 때부터 계속기업과는 다른 기준으로 재무제표를 작성한다.

③ 수익·비용의 대응 개념은 기업실체가 계속된다는 가정을 전제로 하여 적용된다.

④ 향후 보고기업이 청산할 것으로 가정한다면 재무상태표 계정에 비유동의 개념을 적용할 필요가 없다.

10

★☆☆

다음 중 '재무보고를 위한 개념체계'에 대한 설명으로 옳지 않은 것은?

① 실무에서는 정보의 질적 특성 간의 균형 또는 상충관계를 고려할 필요가 있다.

② 충실하게 표현된 재무정보는 거래나 기타 사건에 대하여 법률적 형식만이 아니라, 그 실질과 경제적 현실에 따라 회계처리하고 표시한다.

③ 일반목적 재무보고는 정보이용자가 보고기업의 가치를 추정하는 데 도움이 되는 정보를 제공한다.

④ 개념체계와 한국채택국제회계기준이 상충하는 경우에는 개념체계가 한국채택국제회계기준보다 우선한다.

CHAPTER 04

재무보고를 위한 개념체계 [2]

01

★★☆

다음 중 재무제표 구성요소에 대한 설명으로 옳지 않은 것은?

① 자산은 과거사건의 결과로 기업이 통제하는 현재의 경제적 자원으로, '권리'와는 별개의 개념이다.

② 부채의 특성상 의무는 구속력 있는 계약이나 법규에 따라 법률적 강제력이 있을 수 있다.

③ 수익은 자본의 증가를 가져오는 자산의 증가나 부채의 감소로서, 자본청구권보유자의 출자와 관련된 것은 제외한다.

④ 비용은 자본의 감소를 가져오는 자산의 감소나 부채의 증가로서, 자본청구권보유자의 분배와 관련된 것은 제외한다.

02

★☆☆

다음 중 재무제표 구성요소인 '부채'를 정의하는 항목만으로 묶인 것은?

ㄱ. 법적의무	ㄴ. 경제적 자원의 이전
ㄷ. 다른 당사자의 의무	ㄹ. 과거사건의 결과에 따른 현재의무

① ㄱ, ㄴ

② ㄱ, ㄷ

③ ㄴ, ㄹ

④ ㄴ, ㄷ

03

★★☆

다음 중 재무제표 구성요소의 측정기준에 대한 설명으로 옳은 것은?

① 가치변동에 관한 정보가 정보이용자들에게 중요할 경우 역사적 원가가 가장 목적적합한 측정치를 제공할 수 있다.

② 측정기준을 선택할 때 유용한 재무정보의 질적 특성과 원가 제약을 고려해야 한다. 하지만 '적시성'의 경우 측정에 특별한 영향을 미치지 않는다.

③ 자산이나 부채의 최초 인식시점에 그 원가와 공정가치가 비슷하다면 당시 어떤 측정기준을 사용하였는지 기술할 필요는 없다.

④ 총자본은 직접 측정하지 않으므로, 자본의 일부 종류와 자본의 일부 구성요소에 대한 장부금액도 직접 측정하는 것이 부적절하다.

정답과 해설 p.9

04
★★☆

다음 중 재무제표 구성요소의 측정기준인 '역사적 원가'에 대한 설명으로 옳지 않은 것은?

① 현행원가로 측정하는 것보다 원가제약 측면에서 유리하다.
② 자산 측정 시 자산을 취득하거나 창출하기 위해 과거에 지급한 대가에 거래원가를 포함한다.
③ 자산의 손상이나 손실 부담에 따른 부채와 관련된 변동을 제외하고는 가치 변동을 반영하지 않는다.
④ 자산에서 회수될 것으로 예상되는 금액은 적어도 장부가치와 같거나 그보다 작다.

05
★☆☆

다음 중 재무제표 구성요소의 측정기준인 '공정가치'에 대한 설명으로 옳지 않은 것은?

① 공정가치로 자산과 부채를 측정하여 제공하는 정보는 예측가치를 가질 수는 있지만, 확인가치는 기대하기 어렵다.
② 직접 관측을 통해 검증할 수 있다.
③ 보고기업의 기간 간 또는 같은 기간의 기업 간 비교가능성을 높일 수 있다.
④ 공정가치는 자산을 취득할 때 발생한 거래원가로 인해 증가하지 않으며, 부채를 발생시키거나 인수할 때 발생한 거래원가로 인해 감소하지 않는다.

06
★★☆

다음 중 재무제표 구성요소의 측정기준인 '현행원가'에 대한 설명으로 옳지 않은 것은?

① 가격변동이 유의적일 경우, 현행원가를 기반으로 한 이익은 역사적 원가를 기반으로 한 이익보다 미래 이익을 예측하는 데 더 유용할 수 있다.
② 측정일 현재 시장 참여자들 간의 정상적인 거래에서 자산을 매도하면서 수취하거나 부채를 이전하면서 지급할 가격이다.
③ 자산의 현행원가는 측정일 현재 동등한 자산의 원가로서 측정일에 지급할 대가와 그 날에 발생한 거래원가를 포함한다.
④ 역사적 원가와 마찬가지로 유입가치이다.

07 ★☆☆

다음 중 재무제표 구성요소의 측정기준인 '사용가치와 이행가치'에 대한 설명으로 옳지 않은 것은?

① 부채의 이행가치는 기업이 부채를 이행할 때 이전해야 하는 현금이나 그 밖의 경제적 자원의 현재가치이다.

② 시장 참여자의 가정보다는 기업 특유의 가정에 기반한다.

③ 사용가치와 이행가치는 미래현금흐름에 기초하기 때문에 항상 관련 거래원가는 포함되지 않는다.

④ 직접 관측을 통해 검증할 수 없다.

08 ★★☆

다음 중 자본과 자본유지개념에 대한 설명으로 옳은 것은?

① 재무자본유지개념을 사용하기 위해서는 당해 실물자본을 현행원가 기준에 따라 측정해야 한다.

② 자본유지개념은 기업의 자본에 대한 투자회수와 투자수익을 구분하기 위한 필수 조건이다.

③ 실물자본유지개념은 특정한 측정기준의 적용을 요구하지 않는다.

④ 재무자본유지개념과 실물자본유지개념의 주된 차이는 국가별로 상이한 물가상승률에 기인한다.

09
★★☆

다음 자료를 이용하여 계산한 당기순이익은? (단, 실물자본으로 자본을 정의한다.)

- 기초에 현금 ₩100,000으로 영업을 시작하였다.
- 기초에 상품 A 4개를 현금으로 구입하고, 당기 중에 전부 현금으로 판매하였다. 취득단가는 ₩25,000, 판매단가는 ₩40,000이다.
- 당기 일반물가상승율은 10%이다.
- 기말에 상품 A의 취득단가가 ₩30,000으로 인상되었다.
- 기말에 현금 ₩160,000을 보유하고 있다.

① ₩0
② ₩20,000
③ ₩40,000
④ ₩60,000

10
★★☆

다음 자료를 이용하여 계산한 자본유지조정은? (단, 불변구매력재무자본으로 자본을 정의한다.)

- 기초에 현금 ₩100,000으로 영업을 시작하였다.
- 기초에 상품 A 4개를 현금으로 구입하고, 당기 중에 전부 현금으로 판매하였다. 취득단가는 ₩25,000, 판매단가는 ₩40,000이다.
- 당기 일반물가상승율은 10%이다.
- 기말에 상품 A의 취득단가가 ₩30,000으로 인상되었다.
- 기말에 현금 ₩160,000을 보유하고 있다.

① ₩0
② ₩30,000
③ ₩20,000
④ ₩10,000

CHAPTER 04

재무보고를 위한 개념체계 [3]

01 ★★☆

다음 중 '재무보고를 위한 개념체계'에 대한 설명으로 옳지 않은 것은?

① 일반목적 재무보고서는 현재 및 잠재적 투자자, 대여자 및 기타채권자가 필요로 하는 모든 정보를 제공하지는 않는다.

② 개념체계의 어떠한 내용도 회계기준이나 회계기준의 요구사항에 우선하지 않는다.

③ 일반목적 재무보고서에서 보고기업의 가치에 대한 정보를 직접 확인할 수 있다.

④ 발생주의 정보는 현금주의 정보보다 기업의 과거 및 미래 성과를 평가하는 데 더 나은 근거를 제공한다.

02 ★☆☆

다음 설명에 해당하는 재무정보의 질적 특성은?

정보이용자가 어떤 회계정보를 이용하여 의사결정을 할 때, 그 정보가 없는 경우와 비교하여 보다 유리한 차이를 야기한다.

① 목적적합성

② 비교가능성

③ 충실한표현

④ 검증가능성

03 ★★☆

다음 중 '재무보고를 위한 개념체계'에서 규정하고 있는 일반목적 재무제표에 대한 설명으로 옳은 것은?

① 주석은 재무제표는 아니지만, 재무제표를 올바르게 이해하는 데 도움이 되는 정보를 제공한다.

② 보고기업은 재무제표를 작성해야 하거나 작성하기로 선택한 기업이다.

③ 재무제표는 기업의 현재 및 잠재적 투자자, 대여자와 기타채권자 중 특정 집단의 관점을 견지한다.

④ 재무성과표는 재무제표에 표시되거나 공시된 금액을 추정하는 데 사용된 방법, 가정과 판단 및 그러한 방법, 가정과 판단의 변경에 대한 정보를 포함한다.

정답과 해설 p.11

04 ★☆☆

다음 중 재무제표 구성요소인 '자산'을 정의하는 항목만으로 묶인 것은?

ㄱ. 법적 권리	ㄴ. 경제적 자원에 대한 통제
ㄷ. 현재 의무	ㄹ. 경제적 효익을 창출할 잠재력

① ㄴ, ㄷ
② ㄱ, ㄷ
③ ㄴ, ㄹ
④ ㄱ, ㄹ

05 ★★☆

다음 중 재무보고를 위한 개념체계에서 규정하고 있는 '자산'에 대한 내용으로 옳지 않은 것은?

① 경제적효익을 창출할 잠재력을 지닌 권리는 계약이나 법률, 또는 이와 유사한 수단에 의해서도 성립할 수 있고 그 밖의 방법으로도 획득할 수 있다.
② 기업의 모든 권리가 그 기업의 자산이 되는 것은 아니다.
③ 지출의 발생과 자산의 취득은 밀접한 관련이 있으며 반드시 일치한다.
④ 경제적 자원이 잠재력을 지니기 위해서 권리가 경제적 효익을 창출할 것이라고 확신하거나 가능성이 높아야 하는 것은 아니다.

06 ★★☆

다음 중 재무보고를 위한 개념체계에서 규정하고 있는 '부채'에 대한 내용으로 옳지 않은 것은?

① 한 당사자가 부채를 인식하고 이를 특정금액으로 측정해야 한다는 요구사항이 다른 당사자가 자산을 인식하거나 동일한 금액으로 측정해야 한다는 것을 의미하지는 않는다.
② 많은 의무가 계약, 법률 또는 이와 유사한 수단에 의해 성립되기도 하고 실무관행, 경영방침이나 성명서에서 의무가 발생할 수도 있다.
③ 경제적 자원의 이전가능성이 낮다면 부채의 정의를 충족할 수 없다.
④ 미래의 특정시점까지 경제적 자원의 이전이 집행될 수 없더라도 현재의무는 존재할 수 있다.

07 ★★☆

다음 중 재무보고를 위한 개념체계에서 규정하는 재무제표 요소의 인식과 제거에 대한 설명으로 옳지 않은 것은?

① 인식은 자산, 부채, 자본, 수익 또는 비용과 같은 재무제표 요소 중 하나의 정의를 충족하는 항목을 재무상태표나 재무성과표에 포함하기 위하여 포착하는 과정이다.

② 하나의 항목의 인식은 하나 이상의 다른 항목의 인식 또는 제거가 필요하다.

③ 자산, 부채, 자본 또는 수익, 비용의 정의를 충족하는 항목만이 재무제표에 인식된다.

④ 재무제표 요소 중 하나의 정의를 충족하는 항목이 인식되지 않는다면, 기업은 해당항목을 주석에 제공할 수 없다.

08 ★★☆

다음 중 재무제표 구성요소의 측정기준에 대한 설명으로 옳지 않은 것은?

① 현행가치는 현행원가, 공정가치, 사용가치 및 이행가치로 구분된다.

② 역사적 원가는 소비하거나 이행하는 시점의 일반적인 가격을 반영한다.

③ 현행원가는 유입가치이므로 유출가치인 공정가치와 구분된다.

④ 현금흐름 측정기법은 측정기준이 아니고, 단지 측정기준을 적용하는 데 사용된다.

09 ★☆☆

다음 설명에 해당하는 재무제표 구성요소의 측정기준은?

> 기업이 자산의 사용과 궁극적인 처분을 통해 얻을 것으로 기대하는 현금흐름 또는 그 밖의 경제적 효익의 현재가치이다.

① 공정가치
② 현행원가
③ 이행가치
④ 사용가치

10 ★★★

다음 중 자본과 자본유지개념에 대한 설명으로 옳지 <u>않은</u> 것은?

① 자본유지개념은 자본유지를 위해 필요한 금액을 초과하는 자산의 유입액을 이익으로 보는 것이다.
② 자본을 명목화폐단위로 정의한 재무자본유지개념의 이익은 해당 기간 중 명목화폐자본의 증가액이다.
③ 실물자본유지개념의 이익은 현행원가 기준에 따른 기말 실물자본에서 현행원가기준에 따른 기초 실물자본을 차감한 금액이다.
④ 정보이용자가 주로 기업의 조업능력의 유지에 관심이 있다면 재무적 자본의 개념을 사용한다.

CHAPTER 05

재무제표

01 ★☆☆

다음 중 재무제표 작성과 표시의 일반원칙에 대한 설명으로 옳지 않은 것은?

① 한국채택국제회계기준에 따라 작성된 재무제표는 공정하게 표시된 재무제표로 본다.
② 중요하지 않은 항목은 성격이나 기능이 유사한 항목과 통합하여 표시할 수 있다.
③ 한국채택국제회계기준이 요구하거나 허용하더라도 자산과 부채 그리고 수익과 비용은 상계하지 않는다.
④ 전체 재무제표는 적어도 1년을 보고빈도로 하여 작성한다.

02 ★★☆

다음 중 재무제표 작성과 표시의 일반원칙에 대한 설명으로 옳은 것은?

① 부적절한 회계정책이라도 공시나 주석 또는 보충 자료를 통해 잘 설명된다면 정당하다고 본다.
② 현금흐름 정보를 포함하여, 항상 발생기준 회계를 사용해 재무제표를 작성하여야 한다.
③ 매출채권에서 대손충당금을 차감하여 매출채권을 순액으로 표시하는 것은 상계표시에 해당하지 않는다.
④ 재무상태표상 자산과 부채는 반드시 유동성 순서에 따라 표시한다.

03 ★☆☆

다음 중 재무제표 작성과 표시의 일반원칙에 대한 옳은 설명만으로 묶인 것은?

ㄱ. 재무제표는 기업의 재무상태, 재무성과 및 현금흐름을 공정하게 표시해야 한다. ㄴ. 재무제표에서 위탁 자원에 대한 경영진의 수탁책임 결과를 확인할 수 있다. ㄷ. 경영진은 재무제표를 작성할 때 당해 기업이 계속기업으로 존속할 것인지 평가해야 한다. ㄹ. 원가제약 측면에서 서술형 정보의 경우에는 항상 비교정보를 표시하지 않는다.

① ㄱ, ㄴ
② ㄱ, ㄴ, ㄷ
③ ㄱ, ㄷ
④ ㄱ, ㄴ, ㄷ, ㄹ

정답과 해설 p.13

04 ★☆☆

다음 중 재무상태표에 대한 설명으로 옳지 않은 것은?

① 유동성 순서에 따른 표시방법을 적용할 경우 모든 자산과 부채는 유동성 순서에 따라 표시한다.
② 이연법인세자산(부채)은 유동자산(부채)으로 분류한다.
③ 보고기간 후 12개월 이내에 실현될 것으로 예상되는 자산은 유동자산으로 분류된다.
④ 기업회계기준서 제1001호 '재무제표 표시'는 표시되어야 할 항목의 순서나 형식을 규정하지 아니한다.

05 ★★☆

다음 중 유동부채에 해당하는 항목만으로 묶인 것은?

ㄱ. 보고기간 후 결제기간이 12개월을 초과하는 금융부채
ㄴ. 보고기간 말 이전에 장기차입약정을 위반한 장기성 채무
ㄷ. 보고기간 말 이전에 장기차입약정을 위반한 장기성 채무에 대해 보고기간 말 이전에 약정의 위반사항을 해소하여 상환을 요구하지 않기로 합의한 경우
ㄹ. 보고기간 말 이전에 장기차입약정을 위반한 장기성 채무에 대해 보고기간 말 이후 및 재무제표 발행승인일 이전에 약정의 위반사항을 해소하여 상환을 요구하지 않기로 합의한 경우

① ㄴ, ㄹ
② ㄴ, ㄷ
③ ㄴ, ㄷ, ㄹ
④ ㄱ, ㄴ, ㄷ, ㄹ

06

★☆☆

다음 중 유동자산과 유동부채의 분류에 대한 설명으로 옳지 않은 것은?

① 매입채무의 경우에도 보고기간 후 12개월 후에 결제일이 도래할 경우 비유동부채로 분류된다.
② 기업의 정상영업주기 내에 실현될 것으로 예상하는 자산은 유동자산으로 분류된다.
③ 보고기간 후 12개월 이내 실현될 것으로 예상하는 자산은 유동자산이다.
④ 보고기간 후 12개월 이상 부채의 결제를 연기할 수 있는 무조건의 권리를 지닌 부채는 비유동부채이다.

07

★★☆

다음 중 포괄손익계산서에 대한 설명으로 옳은 것은?

① 매출액에서 매출원가 및 판매비와 관리비를 차감한 매출총이익을 구분하여 표시한다.
② 비용의 기능에 대한 정보는 미래현금흐름을 예측하는 데 유용하다.
③ 법인세비용은 단지 법인세비용차감전순이익에서 차감될 뿐이므로 구체적인 금액을 표시할 필요는 없다.
④ 수익과 비용의 어느 항목도 포괄손익계산서 또는 주석에 특별손익으로 별도 표시할 수 없다.

08

★☆☆

다음 중 비용의 분류에 대한 설명으로 옳은 것은?

① 비용을 성격별로 분류하는 경우 별도의 기능별 분류가 필요 없기 때문에 적용이 간단할 수 있다.
② 비용을 성격별로 분류하는 경우 항상 정보이용자에게 더욱 목적적합한 정보를 제공한다.
③ 비용을 기능별로 분류하는 경우 그 과정에서 자의성과 주관적 판단은 배제된다.
④ 비용을 기능별로 분류하는 경우 매출원가와 다른 비용은 구분되지 않는다.

09 ★★☆

다음 중 기타포괄손익에 대한 설명으로 옳지 않은 것은?

① 기타포괄손익은 성격별로 분류한다.
② 재분류조정 대상이 아닌 기타포괄손익은 후속 기간에 당기손익으로 재분류하지 않는다.
③ 기타포괄손익(재분류조정 포함)과 관련된 법인세비용은 주석에만 표시한다.
④ 재분류조정은 포괄손익계산서나 주석에 표시한다.

10 ★☆☆

다음 중 재무제표에 대한 설명으로 옳지 않은 것은?

① 재무상태표는 일정 시점의 재무상태에 대한 정보를 제공한다.
② 수정을 요하지 않는 보고기간후사건을 반영하기 위하여 재무제표에 인식된 금액을 수정하지 않는다.
③ 중간재무제표는 연차재무제표에 적용하는 회계정책과 동일한 것을 적용하여 작성한다.
④ 자본변동표는 일정 기간의 경영성과에 대한 정보를 제공한다.

CHAPTER 06

현금 및 수취채권과 지급채무

01 ★☆☆

다음 중 현금 및 현금성자산에 대한 설명으로 옳지 않은 것은?

① 선일자수표는 통화대용증권이므로 회계상 현금이다.
② 회계상 현금은 중앙은행이 발행한 통화와 타인발행 수표 등 통화대용증권까지 포괄한다.
③ 사용이 제한되어 있는 금융상품은 현금성자산으로 분류될 수 없다.
④ 당좌예금은 현금및현금성자산으로, 당좌예금을 초과하여 결제한 당좌차월은 단기차입금으로 계상한다.

02 ★☆☆

다음 자료를 이용하여 계산한 재무상태표상 현금 및 현금성자산은?

• 선일자수표	₩100,000
• 자기앞수표	₩110,000
• 환매조건부 채권(X1년 11월 1일 취득, 만기 X2년 1월 31일)	₩300,000
• 양도성예금증서(X1년 12월 1일 취득, 만기 X2년 4월 31일)	₩150,000

① ₩110,000
② ₩410,000
③ ₩510,000
④ ₩660,000

03 ★★☆

㈜대한은 기말 현금실사 잔액이 장부상 잔액보다 ₩50,000 적은 것을 확인하고 이를 현금과부족 계정으로 처리하였다. 한편, ㈜대한은 당기 중에 광고선전비 ₩65,000를 현금으로 지급하고 회계처리 하지 않았는데, 해당 사실을 결산일에 파악하였다. 기타 원인을 밝히지 못한 현금과부족은 잡이익(잡손실)으로 보고할 때, ㈜대한의 결산일 수정분개로 옳은 것은?

①	(차) 현금과부족	₩65,000	(대) 광고선전비	₩65,000
	(차) 잡이익	₩15,000	(대) 현금과부족	₩15,000
②	(차) 광고선전비	₩15,000	(대) 현금과부족	₩15,000
③	(차) 광고선전비	₩65,000	(대) 현금과부족	₩65,000
	(차) 잡손실	₩50,000	(대) 현금과부족	₩50,000
④	(차) 광고선전비	₩65,000	(대) 현금과부족	₩65,000
	(차) 현금과부족	₩15,000	(대) 잡이익	₩15,000

정답과 해설 p.15

04
★☆☆

다음 중 은행계정조정 시 회사측 원인에 해당하는 항목만으로 묶인 것은?

ㄱ. 은행은 회사의 예금계좌에서 당좌거래 관련 수수료를 차감하였다.
ㄴ. 회사의 당좌예금잔액에 대한 이자수익이 발생하였으나 회사는 그 사실을 알지 못한다.
ㄷ. 회사가 은행에 추심 의뢰한 거래처의 당좌수표에 부도가 발생하였으나 회사는 그 사실을 알지 못한다.
ㄹ. 회사가 현금을 은행에 입금하고 당일 회계처리하였으나, 은행에서 다음 날 입금 처리하였다.

① ㄱ
② ㄱ, ㄴ
③ ㄱ, ㄴ, ㄷ
④ ㄴ, ㄹ

05
★★★

다음은 ㈜민국의 은행계정조정에 관한 자료이다. 이를 이용하여 계산한 조정 전 은행측 잔액은? (단, 조정 전 ㈜민국의 잔액은 ₩50,000이다.)

ㄱ. ㈜민국이 거래처에 발행한 수표 중 ₩10,000이 인출되지 않았다.
ㄴ. ㈜민국이 입금한 ₩3,000이 은행에서 입금 처리되지 않았다.
ㄷ. ㈜민국에 통지되지 않은 거래처 매출채권 추심액은 ₩13,000이다.
ㄹ. ㈜민국은 은행에 ₩2,500을 예금하면서 ₩5,200으로 잘못 기록하였으나, 은행 계좌에는 올바르게 기록되어 있다.

① ₩50,000
② ₩53,300
③ ₩60,300
④ ₩67,300

06
★☆☆

다음 중 수취채권과 지급채무에 대한 설명으로 옳지 않은 것은?

① 제품을 매입하고 그 대가를 나중에 지급하는 경우 채무자는 미지급금을 인식한다.
② 매출운임은 당기비용으로 인식한다.
③ 손익계산서에 보고해야 할 매입액은 매입에누리, 매입환출 및 매입할인을 고려한 순매입액이다.
④ 예수금은 일시적인 현금 수령액이므로, 부채로 계상하였다가 제3자에게 다시 지급하면서 상계한다.

07
★☆☆

다음 중 대손회계에 대한 설명으로 옳은 것은?

① 대손에 해당하는 금액은 미래 경제적 효익의 유입가능성이 불확실해지기는 하나 계속 자산으로 인식한다.

② 매출채권은 기대신용손실모형을 적용하여 기대신용손실을 대손충당금으로 설정한다.

③ 한국채택국제회계기준에서는 직접상각법만을 인정한다.

④ 매출채권에 대한 대손충당금을 차감하여 매출채권을 순액으로 표시하는 것은 상계표시에 해당한다.

08
★☆☆

다음 중 매출채권의 대손 회계처리로 옳지 않은 것은?

① 기말 현재 대손충당금 잔액이 없는 상태에서 매출채권 ₩1,000이 대손 추정된다.

(차) 대손상각비	₩1,000	(대) 대손충당금	₩1,000

② 기말 현재 대손충당금 잔액이 ₩2,000인 상태에서 매출채권 ₩1,000이 회수 불가능한 것으로 확정되었다.

(차) 대손충당금	₩1,000	(대) 매출채권	₩1,000

③ 회수 불가능한 것으로 확정되었던 매출채권 ₩1,000 가운데 ₩500을 현금으로 회수하였다.

(차) 현금	₩500	(대) 매출채권	₩500

④ 기말 현재 대손충당금 잔액이 ₩1500인 상태에서 매출채권 ₩2,000이 회수 불가능한 것으로 확정되었다.

(차) 대손충당금	₩1,500	(대) 매출채권	₩2,000
대손상각비	₩500		

09
★☆☆

㈜만세의 기초매출채권 잔액은 ₩100,000이고 기말매출채권 잔액은 ₩70,000이다. 당기 중에 매출채권 ₩45,000을 회수하였으며 대손이 확정된 매출채권은 ₩10,000이다. ㈜만세의 당기매출액은? (단, ㈜만세는 외상으로만 거래한다.)

① ₩15,000

② ₩25,000

③ ₩30,000

④ ₩60,000

10
★☆☆

다음은 ㈜백두의 매출채권과 그에 대한 미래현금 흐름 추정액에 관한 자료이다. 이를 이용하여 계산한 ㈜백두의 기말 대손상각비는? (단, 대손상각비는 충당금설정법을 적용하여 인식하며, 당기 중 대손확정된 채권은 없다. 또한 할인 효과가 중요하지 않은 단기매출채권이다.)

구분	기초	기말
매출채권	₩5,500	₩6,000
추정 미래현금흐름	₩2,300	₩1,500

① ₩7,700
② ₩4,500
③ ₩3,200
④ ₩1,300

CHAPTER 07

금융자산 [1]

01 ★☆☆

다음 중 금융상품으로만 묶인 것은?

ㄱ. 선급비용	ㄴ. 매출채권	ㄷ. 대여금	ㄹ. 이연법인세자산

① ㄱ, ㄴ
② ㄴ, ㄷ
③ ㄷ, ㄹ
④ ㄴ, ㄹ

02 ★☆☆

다음 중 당기손익-공정가치 측정 지분상품에 대한 설명으로 옳지 않은 것은?

① 최초 인식 시 공정가치로 측정하고, 취득 시 발생하는 거래원가는 당기비용으로 처리한다.
② 매 보고기간 말 공정가치로 평가한다.
③ 금융자산의 제거요건을 만족한 경우 대가와 해당 금융자산의 장부금액의 차이를 당기손익으로 인식한다.
④ 공정가치 평가에 따른 미실현보유손익은 포괄손익계산서에 기타포괄손익으로 인식한다.

03 ★☆☆

㈜대한은 X1년 1월 1일에 단기투자목적으로 ㈜민국의 주식 1,000주를 주당 ₩100에 취득하면서 매입수수료 ₩15,000를 지불하였다. ㈜대한은 X1년 12월 31일 현재 해당 주식을 보유 중이며, ㈜민국의 기말 주당 공정가치는 ₩200이다. 이를 이용하여 계산한 동 주식의 평가이익은?

① ₩70,000
② ₩85,000
③ ₩100,000
④ ₩115,000

정답과 해설 p.17

04

★☆☆

다음은 ㈜만세가 X1년 1월 1일에 단기투자목적으로 취득한 ㈜백두와 ㈜한라의 주식에 관한 자료이다. 이에 대한 설명으로 옳지 않은 것은? (단, 주식 취득 당시 매입수수료 ₩350를 지불하였다.)

구분	보유수량	X1년 초 주당 취득가격	X1년 말 주당 공정가치
㈜백두	10주	₩2,000	₩2,500
㈜한라	5주	₩3,000	₩2,700

① 매입수수료 ₩350는 포괄손익계산서에 당기비용으로 인식한다.
② X1년 ㈜백두의 주식에 대한 평가이익은 ₩5,000이다.
③ X1년 말 ㈜만세의 재무상태표에 표시될 ㈜한라의 주식의 장부금액은 ₩13,500이다.
④ X1년 기타포괄손익-공정가치 측정 금융자산의 취득가격은 총 ₩35,000이다.

05

★☆☆

다음 중 기타포괄손익-공정가치 측정 지분상품에 대한 설명으로 옳지 않은 것은?

① 최초에 기타포괄손익-공정가치 측정 지분상품으로 분류한 경우 이후 3년이 지나야 새로 분류할 수 있다.
② 처분 시 처분과 직접 관련된 거래비용이 있으면 처분손실이 발생할 수도 있다.
③ 최초 인식 시 공정가치로 평가하고, 취득 시 발생하는 거래원가는 그 공정가치에 가산한다.
④ 재무상태표상 관련 평가손익은 당 회계기간까지의 누적분을 의미한다.

06

★☆☆

다음 자료에 대한 설명으로 옳지 않은 것은?

- ㈜독도는 X1년 1월 1일 ㈜울릉도의 주식을 ₩1,000,000에 취득하면서 기타포괄손익 -공정가치 측정 금융자산으로 분류하기로 선택하였다.
- ㈜울릉도의 주식의 공정가치는 X1년 말 ₩980,000이고, X2년 말 ₩1,030,000이다.
- ㈜독도는 X3년 1월 1일에 ㈜울릉도의 주식을 ₩1,030,000에 처분하였다.

① X1년 말 ㈜독도의 재무상태표에 기타포괄손익-공정가치 측정 금융자산 평가손실 ₩20,000을 계상한다.
② X2년 말 포괄손익계산서에 기타포괄손익-공정가치 측정 금융자산 평가이익 ₩30,000을 계상한다.
③ X2년 말 기타포괄손익-공정가치 측정 금융자산의 장부금액은 ₩1,030,000이다.
④ X3년 금융자산 처분과 관련된 손익은 없다.

07 ★★☆

㈜서울은 X1년 3월 1일에 ㈜한양의 주식 ₩1,400,000을 취득하면서 기타포괄손익-공정가치 측정 금융자산으로 분류하였다. 동 주식의 공정가치는 X1년 말 ₩1,520,000, X2년 말 ₩1,380,000이다. ㈜서울이 X3년 중에 동 주식을 현금 ₩1,500,000으로 처분하였다. 이를 이용하여 계산한 X3년의 당기순이익 및 총포괄손익에 대한 영향은? (단, 세금 및 그 밖의 거래의 효과는 고려하지 않는다.)

	당기순이익		총포괄손익	
①	₩120,000	증가	₩100,000	증가
②	₩120,000	증가	₩120,000	증가
③	₩100,000	증가	₩100,000	감소
④	영향없음		₩120,000	증가

08 ★★☆

다음 중 지분상품에 대한 설명으로 옳지 않은 것은?

① 단기투자목적으로 취득한 지분상품은 기타포괄손익-공정가치 측정 금융자산으로 분류할 수 있다.

② 후속적인 공정가치 변동을 기타포괄손익으로 인식할 것을 선택한 경우 처분손익을 계상하지 않는다. (처분 시 거래원가 발생하지 않았음을 가정)

③ 처분 시 발생하는 거래원가는 따로 회계처리 하지 않고 수취한 대가에서 조정한다.

④ 현금배당은 지분상품과 관련하여 당기손익에 영향을 미치는 사건이다.

09 ★★☆

㈜인천은 X1년 12월 초에 ㈜미추홀의 주식 10주를 주당 ₩5,000에 취득하면서 기타포괄손익-공정가치 측정 금융자산으로 분류할 것을 선택하였다. 또한 매입수수료 ₩1,000를 지급하였다. X1말 동 주식의 공정가치는 주당 ₩5,600이었다. ㈜인천은 X2년 1월 초에 동 주식을 주당 ₩5,300에 모두 처분하였다. 이에 대한 설명으로 옳지 않은 것은? (단, 세금 및 그 밖의 거래의 효과는 고려하지 않는다.)

① 처분 시 평가손익을 이익잉여금에 대체하기로 하였다면, 당기손익-공정가치 측정 금융자산으로 분류하였을 경우와 비교해 X2년 말 재무상태표상 이익잉여금에 미치는 영향은 동일하다.

② 당기손익-공정가치 측정 금융자산으로 분류하면 X1년 당기순이익은 ₩5,000 증가한다.

③ 당기손익-공정가치 측정 금융자산으로 분류하여도 처분손익은 동일하다.

④ 처분 시 처분이익은 ₩0이다.

10
★☆☆

다음은 ㈜부산이 X1년 1월 1일에 장기투자목적으로 취득한 ㈜동래의 주식과 단기투자목적으로 취득한 ㈜장산의 주식에 관한 자료이다. ㈜부산은 ㈜동래의 주식을 기타포괄손익–공정가치 측정 금융자산으로, ㈜장산의 주식을 당기손익–공정가치 측정 금융자산으로 인식하기로 하였다. 이에 대한 설명으로 옳지 않은 것은?

구분	X1년 초 취득가격	X1년 말 공정가치
㈜동래	₩10,000	₩9,000
㈜장산	₩15,000	₩45,000

① X1년 말 포괄손익계산서상 당기순손익이 ₩30,000 증가한다.
② X1년 말 포괄손익계산서상 기타포괄손익이 ₩1,000 감소한다.
③ X1년 말 재무상태표상 이익잉여금은 ₩30,000 증가한다.
④ X1년 말 포괄손익계산서상 총포괄손익은 변하지 않는다.

CHAPTER 07

금융자산 [2]

01 ★☆☆

다음 중 당기손익-공정가치 측정 채무상품에 대한 설명으로 옳지 않은 것은?

① 매 보고기간 말 유효이자율법을 적용하여 상각한 다음 공정가치로 측정한다.
② 중요성 측면에서 표시이자만을 이자수익으로 인식한다.
③ 최초 인식 시 공정가치로 측정하고, 취득 시 발생하는 거래원가는 당기비용으로 처리한다.
④ 처분 시 수취 대가와 해당 금융자산의 장부금액의 차이를 당기손익으로 인식한다.

02 ★☆☆

다음 중 상각후원가 측정 채무상품에 대한 설명으로 옳지 않은 것은?

① 신용이 손상된 이후 이자수익은 손상 후 상각후원가에 유효이자율을 곱하여 구한다.
② 처분 시 수취 대가와 해당 금융자산의 상각후원가와의 차이를 기타포괄손익으로 인식한다.
③ 상각후원가는 취득원가에 취득원가에서 상환된 원금을 차감하고, 할인 또는 할증차금 상각누계액을 가감한 금액이다.
④ 신용이 손상되지 않고, 단지 신용위험이 발생한 때에도 기대신용손실을 추정하여 손상 회계처리를 적절히 수행한다.

03 ★★☆

㈜대한은 X1년 1월 1일에 상각후원가 측정 채무상품을 현금 ₩950,000에 취득하였다. 동 채무상품의 연간 액면이자는 ₩80,000, 취득일 현재 유효이자율은 10%이고 X1년 12월 31일 공정가치는 ₩980,000이다. X2년 1월 1일에 동 채무상품을 현금 ₩1,000,000에 전부 처분하였다. 이를 이용하여 계산한 X2년 동 채무상품의 처분손익은?

① ₩0
② ₩65,000 이익
③ ₩35,000 이익
④ ₩65,000 손실

정답과 해설 p.19

04 ★★☆

㈜민국은 X1년 초에 원리금만을 수취할 목적으로 ㈜만세의 사채를 현금 ₩900,000(액면가액 ₩1,000,000)에 취득하였다. 동 사채의 액면이자율은 8%, 취득일 현재 유효이자율은 10%이다. 이를 이용하여 계산한 X3년 초 동 사채의 장부금액은?

① ₩889,000
② ₩900,000
③ ₩910,000
④ ₩921,000

05 ★★☆

다음 중 기타포괄손익-공정가치 측정 채무상품에 대한 설명으로 옳지 <u>않은</u> 것은?

① 재무상태표상 평가손익누계액은 상각후원가와 보고기간 말 공정가치의 차이이다.
② 처분 시 관련 손익을 인식하지 않는다.
③ 공정가치 평가 전 상각후원가를 기준으로 이자수익을 인식한다.
④ 처분 시 평가손익누계액을 당기손익으로 재분류조정한다.

06 ★★☆

㈜백두는 X1년 초에 기타포괄손익-공정가치 측정 채무상품을 현금 ₩950,000에 취득하였다. 동 채무상품의 연간 액면이자는 ₩80,000, 취득일 현재 유효이자율은 10%이고 X1년 12월 31일 공정가치는 ₩980,000이다. X2년 1월 1일에 동 채무상품을 현금 ₩1,020,000에 전부 처분하였다. 이를 이용하여 계산한 동 채무상품의 X1년 평가손익과 X2년 처분손익은?

① 평가이익 ₩15,000, 처분이익 ₩55,000
② 평가이익 ₩15,000, 처분이익 ₩40,000
③ 평가이익 ₩15,000, 처분이익 ₩0
④ 평가손실 ₩15,000, 처분손실 ₩35,000

07 ★★☆

㈜한라는 X1년 1월 1일에 발행된 ㈜독도의 사채를 현금 ₩88,000(액면가액 ₩100,000)에 취득하여 기타포괄손익-공정가치 측정 금융자산으로 분류하였다. X1년 말 동 사채의 공정가치가 ₩95,000이다. 이를 이용하여 계산한 동 사채의 X1년 평가손익은? (단, 액면이자율은 10%, 유효이자율은 15%이다.)

① ₩3,800 손실
② ₩7,000 손실
③ ₩7,000 이익
④ ₩3,800 이익

08 ★★☆

다음 중 금융자산의 재분류에 대한 설명으로 옳은 것은?

① 재분류는 이를 초래하는 사업모형의 변경이 발생하는 날 이루어진다.
② 재분류는 과거 3년의 회계기간까지 소급하여 적용한다.
③ 지분상품은 재분류가 불가능하다.
④ 당기손익-공정가치 측정 금융자산을 기타포괄손익-공정가치 측정 금융자산으로 재분류하는 경우 관련 기타포괄손익누계액은 재분류조정한다.

09 ★☆☆

다음 중 금융자산이 손상되었다는 객관적인 증거에 해당하지 않는 것은?

① 금융자산 관련 무위험이자율이 하락하는 경우
② 금융자산의 발행자나 지급의무자에게 유의한 재무적 어려움이 발생하는 경우
③ 이자지급의 지연과 같은 계약 위반 사건이 발생하는 경우
④ 채무자가 파산하는 경우

10
★☆☆

다음 중 당기순이익에 영향을 미치는 거래로 옳지 않은 것은?

① 액면 취득한 상각후원가 측정 채무상품에 대한 이자를 수취하였다.
② 전기에 매입한 기타포괄손익-공정가치 측정 금융자산의 시가가 상승하여 평가이익이 발생하였다.
③ 당기에 매입한 당기손익-공정가치 측정 금융자산의 시가가 하락하여 평가손실이 발생하였다.
④ 전기에 매입한 당기손익-공정가치 측정 금융자산을 처분하면서 처분이익이 발생하였다.

CHAPTER 07

금융자산 [3]

01 ★☆☆

다음 중 채무상품에 대한 설명으로 옳지 않은 것은?

① 최초 인식시점에 회계상 불일치를 해소하기 위하여 당기손익-공정가치 측정 금융자산으로 지정할 수 있다.

② 당기손익-공정가치 측정 금융자산으로 지정하는 경우 외 당기손익-공정가치 측정 금융자산으로 분류하는 채무상품은 없다.

③ 상각후원가 측정 금융자산으로 분류하기 위하여 만기까지 보유할 것을 요구하지는 않는다.

④ 계약상 현금흐름을 수취할 목적으로 취득한 채무상품은 상각후원가 측정 금융자산으로 분류한다.

02 ★☆☆

㈜대한은 X1년 1월 1일 단기투자목적으로 ㈜민국의 주식 10주를 주당 ₩1,250에 취득하면서 매입수수료 ₩1,000를 지불하였다. X1년 말 ㈜민국의 주식의 공정가치는 주당 ₩1,750이다. ㈜대한은 X2년 2월 1일 동 주식을 현금 ₩22,000에 전부 처분하였다. 이에 대한 설명으로 옳은 것은?

① X1년 당기손익-공정가치 측정 금융자산의 취득금액은 ₩13,500이다.

② X1년 당기손익-공정가치 측정 금융자산의 평가이익은 ₩5,000이다.

③ X1년 당기손익-공정가치 측정 금융자산의 평가이익은 포괄손익계산서상 기타포괄손익으로 계상된다.

④ X2년 당기손익-공정가치 측정 금융자산의 처분손실은 ₩4,500이다.

03 ★☆☆

다음은 ㈜만세가 보유하고 있는 금융자산에 관한 자료이다. 이를 이용하여 계산한 X2년 말 총포괄손익은? (단, 기타포괄손익-공정가치 측정 금융자산은 중대한 영향력을 행사할 수 없고, 그 밖의 거래는 고려하지 않는다.)

구분	X1. 6. 1. 취득가격	X1. 12. 31. 공정가치	X2. 12. 31. 공정가치
당기손익-공정가치 측정	₩10,000	₩17,500	₩13,000
기타포괄손익-공정가치 측정	₩500	₩1,050	₩1,700

① ₩5,150 손실

② ₩4,500 손실

③ ₩3,850 손실

④ ₩650 이익

정답과 해설 p.21

04 ★☆☆

㈜백두는 X1년 4월 1일에 ㈜한라의 주식 200주를 주당 ₩5,000에 취득하였다. X1년 말 ㈜한라의 주당 공정가치는 ₩6,000이다. ㈜백두는 X2년 1월 1일에 보유하고 있는 ㈜한라의 주식 중 50%를 주당 ₩7,000에 처분하였다. ㈜백두가 ㈜한라의 주식을 당기손익–공정가치 측정 금융자산으로 분류한 경우와 기타포괄손익–공정가치 측정 금융자산으로 분류한 경우에 각각의 X2년 금융자산처분이익으로 옳은 것은?

	당기손익 측정	기타포괄손익 측정
①	₩100,000	₩100,000
②	₩200,000	₩100,000
③	₩200,000	₩200,000
④	₩100,000	₩0

05 ★★☆

㈜독도는 ㈜울릉도가 X1년 1월 1일에 발행한 사채(액면가액 ₩100,000, 연간 액면이자율 12%, 매년 말 지급, 만기 3년)를 X1년 3월 1일에 현금 ₩97,000(경과이자 포함)으로 구입하였다. ㈜독도는 동 사채를 당기손익–공정가치 측정 금융자산으로 분류하였다. 이에 대하여 올바르게 분개한 것은?

①	(차) 미수이자	₩2,000	(대) 현금	₩97,000
	당기손익측정 금융자산	₩95,000		
②	(차) 당기손익측정 금융자산	₩97,000	(대) 현금	₩97,000
③	(차) 미수이자	₩2,000	(대) 현금	₩2,000
④	(차) 이자비용	₩2,000	(대) 현금	₩97,000
	당기손익측정 금융자산	₩95,000		

06
★★★

㈜서울은 X1년 1월 1일에 원리금 수취 및 매도 목적으로 사채(액면가액 ₩100,000, 액면이자율 10%, 유효이자율 12%, 매년 말 지급, 만기 3년)를 취득하였다. X1년 말 동 사채의 공정가치는 ₩90,000이다. X2년 초 ㈜서울은 동 사채를 현금 ₩97,400에 처분하였다. 이에 대한 설명으로 옳지 않은 것은?

현재 가치 이자 요소		
기간	이자율(10%)	이자율(12%)
1년	0.91	0.89
2년	0.83	0.80
3년	0.75	0.71
합계	2.49	2.40

① 사채의 취득가격은 ₩95,000이다.
② X1년 말 사채의 이자수익은 ₩11,400이다.
③ X1년 말 사채의 상각후원가는 ₩96,400이다.
④ X2년 초 사채의 처분이익은 ₩0이다.

07
★★★

㈜한양은 X1년 초에 사채(액면가액 ₩1,000,000, 액면이자율 8%, 유효이자율 10%, 매년 말 지급, 3년 만기)를 현금 ₩890,000에 취득하면서 기타포괄손익-공정가치 측정 금융자산으로 분류하였다. 동 사채의 X1년 및 X2년의 상각후원가는 각각 ₩899,000, ₩908,900이고 공정가치는 각각 ₩915,000, ₩910,000이다. 이에 대한 설명으로 옳지 않은 것은?

① X2년 포괄손익계산서상 이자수익은 ₩89,900이다.
② X1년 포괄손익계산서상 평가이익은 ₩16,000이다.
③ X2년 재무상태표상 평가손실은 ₩14,900이다.
④ X2년 포괄손익계산서상 평가손실은 ₩14,900이다.

08
★★☆

다음 중 금융자산의 손상 회계처리에 대한 설명으로 옳지 않은 것은?

① 신용이 손상되지 않고, 단지 신용위험이 발생한 경우에는 이자수익 계산 시 손상 후 장부금액인 공정가치를 사용한다.
② 신용위험이 유의적으로 증가하지 않은 경우에는 12개월 기대신용손실에 대한 금액을 인식한다.
③ 기타포괄손익-공정가치 측정 금융자산은 손상차손을 인식하기 전에 공정가치 평가를 시행한다.
④ 지분상품의 경우 신용손실위험이 없으므로 손상 회계처리의 대상이 아니다.

09
★★☆

다음 중 금융자산의 재분류에 대한 설명으로 옳지 않은 것은?

① 상각후원가 측정 금융자산을 당기손익-공정가치 측정 금융자산으로 재분류하는 경우 재분류일의 공정가치로 측정하고, 재분류 전 상각후원가와 공정가치의 차이를 당기손익으로 인식한다.

② 상각후원가 측정 금융자산을 기타포괄손익-공정가치 측정 금융자산으로 재분류하는 경우 재분류일의 공정가치로 측정하고, 재분류 전 상각후원가와 공정가치의 차이를 기타포괄손익으로 인식한다.

③ 재분류는 재분류일부터 전진적으로 적용한다.

④ 기타포괄손익-공정가치 측정 금융자산을 당기손익-공정가치 측정 금융자산으로 재분류하는 경우 계속 공정가치로 측정하고, 재분류 전에 인식한 기타포괄손익누계액은 재분류일에 이익잉여금으로 대체한다.

10
★☆☆

다음 중 금융상품이 아닌 것은?

① 기업의 자산에서 모든 부채를 차감한 후의 잔여지분을 나타내는 모든 계약

② 법령의 규정에 따라 발생하는 당기법인세부채

③ 거래 상대방과 잠재적으로 유리한 조건에 금융자산이나 금융부채를 교환하기로 한 계약상의 권리

④ 현금

CHAPTER 08

재고자산 [1]

01
★☆☆

다음 중 자산의 분류에 대한 설명으로 옳지 않은 것은?

① 재고자산은 기업이 정상적인 영업활동과정에서 판매 목적으로 보유하고 있는 자산을 의미한다.

② 원재료, 재공품 등 제품 생산 과정에서 발생하는 모든 자산은 재고자산으로 분류된다.

③ 금융기관이 보유하고 있는 유가증권은 그 목적에 관계없이 항상 금융자산으로 분류된다.

④ 회사가 판매 목적으로 보유하고 있는 건물과 토지는 재고자산으로 분류된다.

02
★☆☆

다음 중 재고자산의 취득원가에 대한 설명으로 옳지 않은 것은?

① 상품 취득 과정에서 매입자가 부담하는 운임은 재고자산의 취득원가에 포함된다.

② 상품 취득 과정에서 발생하는 매입에누리·환출 및 매입할인, 리베이트는 당기비용으로 인식된다.

③ 상품 취득 과정에 상당한 기간을 필요로 하는 경우 관련 차입원가는 재고자산의 취득원가에 포함된다.

④ 제품 생산 과정에서 비정상적으로 낭비된 부분은 당기비용으로 인식된다.

03
★★☆

다음 자료를 이용하여 계산한 기초상품재고 금액은?

• 총매출액	₩500,000
• 총매입액	₩300,000
• 매출총이익	₩200,000
• 매출운임	₩50,000
• 매출에누리	₩30,000
• 매입운임	₩20,000
• 리베이트	₩10,000
• 기말상품재고	₩80,000

① ₩20,000

② ₩40,000

③ ₩60,000

④ ₩80,000

정답과 해설 p.23

04
★☆☆

다음 자료를 이용하여 계산한 기말상품재고 금액은?

• 총매출액	₩250,000
• 총매입액	₩235,000
• 매출에누리	₩10,000
• 매입에누리	₩5,000
• 기초상품재고	₩30,000
• 매출원가 대비 매출총이익률	20%

① ₩20,000
② ₩40,000
③ ₩60,000
④ ₩80,000

05
★★☆

다음은 ㈜대한의 X1년도 상품매입 및 매출에 관한 자료이다. 이에 대한 설명으로 옳지 않은 것은?

일자	적요	수량	단가
1월 1일	전기이월	100개	₩10
3월 3일	매입	300개	₩20
5월 5일	매출	(200개)	
7월 7일	매입	100개	₩25
9월 9일	매출	(250개)	
12월 31일	차기이월	50개	

① 이동평균법에 따른 기말상품재고 금액은 ₩1,000이다.
② 선입선출법에 따른 매출원가는 ₩8,250이다.
③ 이동평균법에 따른 당기순이익이 총평균법에 따른 것보다 크다.
④ 계속기록법과 선입선출법에 따른 매출원가가 실지재고 조사법과 선입선출법에 따른 것보다 크다.

06 ★★☆

다음은 ㈜민국의 X1년도 말 현재 재고자산에 관한 자료이다. 이를 이용하여 계산한 매출원가는?

• 기초재고	₩800,000
• 당기매입	₩200,000
• 기말재고	₩350,000
(실사한 금액으로, 외부 회사로부터 판매위탁을 받아 보관하고 있는 상품 ₩150,000 포함)	
• 미착상품	₩150,000
(도착지 인도조건으로 매입하였으며 X1년도 말 현재 운송 중)	
• 적송품	₩200,000
(X1년도 말 현재 80% 판매 완료)	
• 시송품	₩100,000
(X1년도 말 현재 고객이 매입의사를 표시한 금액 ₩40,000)	

① ₩700,000
② ₩650,000
③ ₩600,000
④ ₩550,000

07 ★★☆

다음 중 재고자산의 회계처리에 대한 설명으로 옳은 것은?

① 도착지 인도기준의 미착상품에 대한 운송비, 보험료 등을 판매자가 부담하는 경우 매입자는 이를 재무상태표상 재고자산으로 인식한다.
② 선적지 인도기준의 미착상품에 대한 운송비, 보험료 등을 매입자가 부담하는 경우 매입자는 이를 포괄손익계산서상 당기비용으로 인식한다.
③ 반품조건부판매에서 반품액을 합리적으로 추정할 수 없는 경우에도 판매자의 재고자산에서 제외한다.
④ 시용판매에서 고객이 상품을 가지고 있으므로 판매자의 재고자산에서 제외한다.

08 ★★☆

다음 자료를 이용하여 계산한 영업이익은?

> ㈜만세는 X1년부터 상품 A(판매단가 ₩50,000, 매입단가 ₩30,000)의 위탁판매를 시작하면서, 수탁자에게 단위당 ₩1,000의 판매수수료를 지급하기로 하였다. ㈜만세는 X1년에 수탁자에게 10개의 상품 A를 적송하였으며, 적송운임 ₩20,000은 ㈜만세가 부담하였다. 수탁자는 X1년에 이 중 5개를 판매하였다.

① ₩75,000
② ₩85,000
③ ₩95,000
④ ₩105,000

09
★☆☆

㈜백두는 X1년 중에 ㈜한라에게 위탁매출 목적으로 상품을 인도하고 장부상 외상매출로 기록하였다. 이러한 회계처리가 ㈜백두의 X1년 재무제표에 미친 영향으로 옳지 않은 것은? (단, 상품 매매 거래는 계속기록법을 적용한다.)

① 재고자산 과소계상
② 매출원가 과소계상
③ 매출채권 과대계상
④ 매출 과대계상

10
★☆☆

다음 중 물가가 지속적으로 상승하고, 재고청산이 없는 경우를 가정할 때 원가흐름의 가정을 비교한 내용으로 옳은 것은? (단, 현금흐름의 크기는 법인세 효과를 반영한 결과이다.)

① 기말재고자산 : 선입선출법 < 이동평균법 < 총평균법 < 후입선출법
② 매출원가 : 선입선출법 > 이동평균법 > 총평균법 > 후입선출법
③ 법인세비용 : 선입선출법 < 이동평균법 < 총평균법 < 후입선출법
④ 현금흐름 크기 : 선입선출법 < 이동평균법 < 총평균법 < 후입선출법

CHAPTER 08

재고자산 [2]

01

★☆☆

재고자산의 저가법 적용에 관한 한국채택국제회계기준의 설명으로 옳지 않은 것은?

① 저가법에 의한 재고자산 평가는 종목별로 적용하는 것을 원칙으로 한다.
② 순실현가능가치는 예상판매가격에서 추가완성원가와 예상판매비용을 차감한 금액이다.
③ 원재료의 현행대체원가는 순실현가능가치에 대한 최선의 이용가능한 측정치가 될 수 있다.
④ 향후 제품이 원가 이상으로 판매될 것으로 예상하는 경우에도 그 생산에 투입하기 위해 보유하는 원재료에 대하여 저가법을 적용한다.

02

★☆☆

㈜한국은 제품 A를 생산하는 데 필요한 원재료 ₩50,000와 완성된 제품 A의 재고 ₩100,000를 보유하고 있다. 원재료의 현행대체원가가 ₩40,000이고 제품의 순실현가능가치가 ₩120,000일 때, 저가법에 따른 재고자산평가손실은?

① ₩30,000
② ₩20,000
③ ₩10,000
④ ₩0

03

★☆☆

다음은 ㈜한국의 X1년도 말 현재 재고자산에 관한 자료이다. 이를 이용하여 계산한 기말실지재고 수량은?

• 기초재고	₩100,000
• 당기매입	₩250,000
• 기말장부재고(취득단가 ₩1,000)	₩50,000
• 재고자산감모손실	₩17,000

① 33개
② 34개
③ 35개
④ 36개

정답과 해설 p.25

04
★★★

다음은 ㈜한국의 X1년도 말 현재 재고자산에 관한 자료이다. 이를 이용하여 계산한 기말실지재고 수량과 기말 단위당 순실현가능가치는?

• 기초재고(평가충당금 없음)	₩20,000
• 당기매입	₩400,000
• 기말장부재고(취득단가 ₩2,000)	₩200,000
• 재고자산감모손실	₩20,000
• 재고자산평가손실	₩18,000

	기말실지재고 수량	기말 단위당 순실현가능가치
①	80개	₩1,800
②	90개	₩1,800
③	80개	₩2,000
④	90개	₩2,000

05
★☆☆

다음은 ㈜한국의 X1년도 말 현재 재고자산에 관한 자료이다. 이를 이용하여 계산한 재고자산평가손실은? (단, 기초재고자산은 없으며, 원재료 B를 이용하여 생산하는 제품 B는 향후 원가 이상으로 판매될 것으로 예상한다.)

품목	수량	취득단가	현행대체원가	판매단가	단위당 예상판매비
제품 A	2	₩10,000	-	₩9,500	₩500
원재료 B	20	₩200	₩150	-	-

① ₩1,000

② ₩2,000

③ ₩3,000

④ ₩4,000

06 ★★☆

다음 자료를 이용하여 계산한 기말재고자산 평가충당금은?

• 재고자산은 실지재고조사법과 총평균법 적용	
• 기초재고자산 평가충당금 없음	
• 기말장부재고(취득단가 ₩250)	₩50,000
• 기말실지재고	₩42,500
• 기말 단위당 현행대체원가	₩160
• 기말 단위당 순실현가능가치	₩170

① ₩13,600
② ₩15,000
③ ₩16,000
④ ₩16,600

07 ★☆☆

㈜한국은 당기 중 화재로 인하여 재고자산과 회계자료를 상실하였다. 당기 말 현재 잔여 재고자산금액은 ₩14,000이다. 한편, 일부 회계자료를 복원하는 데 성공하여 기초재고 ₩10,000, 당기매입 ₩25,000, 매출 ₩20,000 내역을 알 수 있었다. ㈜한국의 매출총이익률이 20%인 경우 화재로 소실된 재고자산 금액은?

① ₩5,000
② ₩10,000
③ ₩15,000
④ ₩20,000

08 ★★☆

다음은 ㈜한국의 X1년도 말 현재 재고자산에 관한 자료이다. 이를 이용하여 계산한 매출원가는? (단, 원가결정 방법으로 가중평균 소매재고법을 적용한다.)

구분	매가	원가
기초재고	₩200,000	₩150,000
당기매입	₩1,000,000	₩650,000
매입운임	-	₩100,000
당기매출	₩900,000	-

① ₩650,000
② ₩675,000
③ ₩725,000
④ ₩750,000

09
★★☆

다음은 ㈜한국의 X1년도 말 현재 재고자산에 관한 자료이다. 이를 이용하여 계산한 기말재고자산 원가는? (단, 원가결정 방법으로 선입선출 소매재고법을 적용한다.)

구분	매가	원가
기초재고	₩200,000	₩150,000
당기매입	₩1,000,000	₩650,000
매입운임	-	₩100,000
당기매출	₩900,000	-

① ₩170,000
② ₩195,000
③ ₩225,000
④ ₩230,000

10
★☆☆

다음 중 농림어업기준서의 설명으로 옳지 않은 것은?

① 생물자산은 최초 인식시점과 매 보고기간 말에 순공정가치로 측정된다.
② 생물자산의 공정가치를 신뢰성 있게 측정할 수 없다는 가정은 최초 인식시점에만 적용된다.
③ 수확물의 공정가치를 신뢰성 있게 측정할 수 없다면 원가에서 감가상각누계액 및 손상차손누계액을 차감한 금액으로 측정한다. 이후 수확물의 공정가치를 신뢰성 있게 측정할 수 있게 되면 순공정가치로 측정한다.
④ 수확물의 최초 인식시점에 이를 순공정가치로 인식하여 발생한 평가손익은 당기손익에 반영된다.

CHAPTER 08

재고자산 [3]

01 ★☆☆

다음 중 재고자산의 회계처리에 대한 설명으로 옳지 않은 것은?

① 기초재고자산 금액과 당기매입 금액이 일정할 때, 기말재고자산 금액이 과대계상되면 당기순이익도 과대계상된다.

② 재고자산의 매입단가가 지속적으로 하락하는 경우, 선입선출법보다 평균법을 적용하여 계산한 매출총이익이 더 크다.

③ 재고자산의 매입단가가 지속적으로 상승하는 경우, 계속기록법 하의 선입선출법보다 실지재고조사법 하의 선입선출법을 적용하여 계산한 매출원가가 더 크다.

④ 선입선출법은 기말에 재고로 남아 있는 항목이 가장 최근에 매입 또는 생산된 항목이라고 가정한다.

02 ★☆☆

㈜한국은 기초 및 기말재무상태표상 매출채권 잔액은 각각 ₩50,000, ₩70,000이고, 기초매출채권 중 50%가 당기 중에 현금으로 회수되었다. ㈜한국의 당기매출원가와 매출총이익률은 각각 ₩120,000, 20%이다. 이를 이용하여 계산한 ㈜한국의 당기매출액 중 현금 회수액은? (단, ㈜한국은 외상거래만 한다.)

① ₩75,000

② ₩85,000

③ ₩95,000

④ ₩105,000

03 ★☆☆

㈜한국은 X1년 1월 1일에 위탁판매를 위해 ㈜민국에게 단위당 원가 ₩1,000인 상품 100개를 적송하면서 운임 ₩2,000을 현금으로 지급하였다. ㈜한국은 X1년 12월 31일에 동 위탁판매와 관련하여 ㈜민국에게 다음과 같은 판매현황을 보고 받았다. 이를 이용하여 계산한 ㈜한국의 X1년 당기매출액과 재무상태표상 적송품 금액은?

• 매출액(60개, @₩2,000)	₩120,000
• 판매수수료	₩3,500
• 운임 및 보관료	₩2,500
• ㈜한국에게 송금한 금액	₩114,000

① 당기매출액 ₩120,000, 적송품 ₩40,800

② 당기매출액 ₩120,000, 적송품 ₩102,000

③ 당기매출액 ₩114,000, 적송품 ₩40,800

④ 당기매출액 ₩114,000, 적송품 ₩102,000

정답과 해설 p.27

04 ★☆☆

다음은 ㈜한국의 재고자산에 관한 자료이다. 이를 이용하여 계산한 매출총이익은? (단, 재고자산 평가방법은 이동평균법을 적용하며 재고자산과 관련된 감모손실 및 평가손실 등 다른 원가는 없다.)

일자	구분	수량	단가
3월 9일	기초	10개	₩100
3월 13일	매입	40개	₩150
3월 18일	매출	30개	₩400
3월 25일	매입	20개	₩200

① ₩7,000
② ₩7,800
③ ₩8,000
④ ₩8,500

05 ★★☆

다음은 ㈜한국의 재고자산을 실사한 결과 발견된 오류에 대한 설명이다. 이러한 오류가 X1년 매출원가에 미치는 영향으로 옳은 것은? (단, ㈜한국은 실지재고조사법을 사용하고 있다.)

- ㈜한국이 X1년에 시용판매를 위하여 거래처에 발송한 시송품 ₩130,000(판매가격)에 대하여 당기 말까지 거래처의 매입의사가 없었으나, 상품의 원가가 ㈜한국의 재고자산에 포함되어 있지 않다. 판매가격은 원가에 30%의 이익을 가산하여 결정한다.
- ㈜한국은 X1년에 선적지 인도기준으로 상품 A ₩250,000을 구입하고 운임 ₩5,000을 지급하였다. 동 상품은 선적을 완료하였으나 아직 도착하지 않아 ㈜한국의 재고자산에 포함되어 있지 않다.
- ㈜한국은 X1년에 도착지 인도기준으로 상품 B ₩217,000을 구입하였다. 판매자는 운임 ₩3,000을 부담하였다. 동 상품은 회사 창고에 입고되었으나 ㈜한국의 재고자산에 포함되어 있지 않다.

① ₩537,000 과대계상
② ₩567,000 과대계상
③ ₩572,000 과대계상
④ ₩575,000 과대계상

06 ★☆☆

다음은 ㈜한국의 재고자산에 관한 자료이다. 이를 이용하여 계산한 매출원가는? (단, 정상적인 재고감모손실은 매출원가로, 비정상적인 재고감모손실은 기타비용으로 보고한다.)

• 기초상품재고	₩300,000
• 당기상품매입	₩700,000
• 기말상품재고(장부)	₩230,000
• 기말상품재고(실사)	₩200,000
• 비정상적인 재고감모손실률	30%

① ₩780,000
② ₩791,000
③ ₩800,000
④ ₩821,000

07 ★★☆

㈜한국의 X1년 초 재고자산 금액은 ₩63,911이고 당기에 추가로 재고자산 ₩27,824을 매입하였다. X1년 말 재고자산 금액은 ₩30,000이고 순실현가능가치는 ₩25,000이다. 기초재고자산 평가충당금 ₩2,000이 있다. 이를 이용하여 계산한 X1년 말 포괄손익계산서상 재고자산 평가손실은?

① ₩6,000
② ₩5,000
③ ₩4,000
④ ₩3,000

08 ★★☆

다음은 ㈜한국의 상품에 관한 자료이다. 이를 이용하여 계산한 ㈜한국의 당기 총비용은? (단, 정상적인 재고자산감모손실은 매출원가에 포함되고, 비정상적인 재고자산감모손실은 없다.)

• 기초상품재고	₩100,000
• 당기상품매입	₩400,000
• 장부상 기말상품재고(150개, @₩1,500)	₩225,000
• 기말상품 실지수량	100개
• 기말상품 순실현가능가치	@₩1,200

① ₩380,000
② ₩400,000
③ ₩420,000
④ ₩440,000

09 ★★☆

X1년 5월 초에 ㈜한국의 창고에서 화재가 발생하여 재고자산 일부가 소실되었다. 잔존 재고자산의 순실현가능가치는 ₩3,000이다. 다음은 ㈜한국의 화재 이전 재고자산에 관한 자료이다. 이를 이용하여 계산한 재고자산 손실액은?

• 기초상품재고	₩35,000
• 4월 말까지 상품 매입	₩20,000
• 4월 말까지 총매출액	₩52,500
• 4월 말까지 매출할인	₩2,500
• 매출총이익률	20%

① ₩40,000
② ₩37,000
③ ₩15,000
④ ₩12,000

10 ★★★

다음은 ㈜한국의 X1년도 말 현재 재고자산에 관한 자료이다. 이를 이용하여 계산한 기말재고자산 원가는? (단, 원가결정 방법으로 저가기준 선입선출 소매재고법을 적용한다.)

구분	매가	원가
기초재고	₩1,000	₩1,200
당기매입	₩6,400	₩3,500
순인상액	₩600	-
순인하액	₩200	-
당기매출	₩5,800	-

① ₩1,300
② ₩1,050
③ ₩1,000
④ ₩600

CHAPTER 09

유형자산 [1]

01 ★☆☆

다음 중 유형자산에 해당 하는 것은?

① 건설회사가 소유하고 있는 미분양 상태의 아파트
② 육가공회사가 생산에 투입하기 위하여 키우는 닭과 오리
③ 시세가 상승할 것으로 예측하여 취득하였으나 아직 사용 목적을 결정하지 못한 대도시 외곽의 토지
④ 해양 천연가스를 발굴하기 위하여 설치한 대형 해양 탐사 구조물

02 ★☆☆

다음 중 유형자산의 취득원가에 대한 설명으로 옳지 않은 것은?

① 토지와 건물을 일괄취득하여 구건물을 계속 사용할 경우, 일괄구입가격을 그 공정가치에 따라 배분한다.
② 취득한 기계장치를 의도한 용도로 사용하기 적합한 상태로 만들기 위해 지출한 시운전비는 기계장치의 취득원가에 포함된다.
③ 토지와 건물을 일괄취득하여 즉시 구건물을 철거하는 경우, 구건물의 철거비용은 신건물의 취득원가에 포함된다.
④ 취득한 토지와 관련하여 지출하는 취득세 및 등록세는 토지의 취득원가에 포함된다.

03 ★☆☆

다음 자료를 이용하여 계산한 토지의 취득원가는?

• 토지구입비	₩100,000
• 취득세	₩3,000
• 토지 실태조사 비용	₩5,500
• 토지 감정평가 비용	₩4,500
• 토지 정지작업 중에 발견된 폐기물을 불법 투기하여 처분 받은 범칙금	₩10,500

① ₩123,500
② ₩120,500
③ ₩119,000
④ ₩113,000

정답과 해설 p.29

04
★☆☆

㈜한국은 주당 액면가액 ₩4,000인 주식 100주를 발행하여 공정가치가 ₩750,000인 기계장치를 취득하였다. 이를 이용하여 계산한 기계장치의 취득원가는?

① ₩750,000
② ₩400,000
③ ₩350,000
④ ₩1,150,000

05
★★☆

㈜한국은 X1년 1월 1일에 사용 중인 승용차(취득원가 ₩100,000, 감가상각누계액 ₩25,000)를 공정가치가 ₩82,000인 운반용 트럭과 교환하면서 현금 ₩10,000을 지급하였다. 이 거래가 상업적 실질이 있을 때, ㈜한국이 인식할 유형자산처분손익은?

① ₩7,000 처분이익
② ₩3,000 처분이익
③ ₩3,000 처분손실
④ ₩7,000 처분손실

06
★★☆

㈜한국은 X1년 1월 1일에 사용 중인 기계장치(취득원가 ₩1,000,000, 감가상각누계액 ₩300,000, 공정가치 ₩820,000)를 새로운 기계장치와 교환하면서 현금 ₩120,000을 수취하였다. 이와 관련된 회계처리에 대한 설명으로 옳지 않은 것은?

① 상업적 실질이 있는 경우 새로운 기계장치의 취득원가는 ₩700,000이다.
② 상업적 실질이 있는 경우 제공한 기계장치의 처분이익은 ₩0이다.
③ 상업적 실질이 없는 경우 새로운 기계장치의 취득원가는 ₩580,000이다.
④ 상업적 실질이 없는 경우 제공한 기계장치의 처분손익은 인식하지 않는다.

07 ★☆☆

㈜한국은 X1년 9월 초에 기계장치 ₩1,000,000(내용연수 5년, 잔존가치 ₩0, 정액법 상각)을 취득하면서 정부보조금 ₩150,000을 수령하였다. 정부보조금은 동 기계장치를 6개월 이상 사용한다면 정부에 상환하지 않는다. ㈜한국은 X3년 8월 말에 동 기계장치를 현금 ₩520,000에 처분하였다. 이를 이용하여 계산한 유형자산처분손익은? (단, 원가모형을 적용하며 손상차손은 없는 것으로 가정한다. 또한 정부보조금은 관련자산의 차감계정으로 표시하는 회계정책을 사용하고 있다.)

① ₩10,000 처분이익
② ₩20,000 처분이익
③ ₩10,000 처분손실
④ ₩20,000 처분손실

08 ★☆☆

다음 중 정부보조금의 회계처리와 정부지원의 공시에 대한 설명으로 옳지 않은 것은?

① 정부보조금은 관련된 유형자산과 구분하여 별도의 현금흐름으로 보고한다.
② 정부보조금에 부수되는 조건의 준수와 보조금 수취에 대한 합리적인 확신이 있는 경우에 인식한다.
③ 예외적으로, 이미 보조금을 수취한 경우에는 정부보조금을 인식할 수 있다.
④ 정부보조금은 자산관련보조금과 수익관련보조금으로 구분하여 당기손익으로 회계처리한다.

09
★★☆

㈜한국은 정부의 허가를 받고 자연보호구역 내 토지에 구축물을 설치하였다. 허가 조건은 설치 완료 시점으로부터 5년 후 구축물을 철거하고 토지를 원상복구하는 것이다. 구축물은 X1년 초에 설치가 완료되어 사용하기 시작하였으며 취득금액 ₩5,000,000(원가모형, 잔존가치 ₩0, 정액법 상각)이다. 5년 후 추정 복구비용은 ₩1,000,000이고 이는 충당부채의 요건을 충족한다. 이를 이용하여 계산한 X1년 구축물의 감가상각비는? (단, 복구비용 현재가치 계산에 적용할 유효이자율은 연 10%이고, 5년 후 ₩1의 현재가치는 0.62이다.)

① ₩1,000,000
② ₩1,004,000
③ ₩1,120,000
④ ₩1,124,000

10
★☆☆

다음 중 복구충당부채에 대한 설명으로 옳지 않은 것은?

① 내용연수 종료시점의 추정 복구비용을 현재가치로 할인한 금액을 복구충당부채로 계산하고 자산의 취득원가에 가산한다.
② 내용연수 종료시점에 복구충당부채와 실제 지불액은 항상 일치하므로 추가로 손익이 발생하지 않는다.
③ 이자비용 계산 시 유효이자율법을 적용한다.
④ 복구충당부채를 인식함에 따라, 매년 말 감가상각비와 이자비용의 합을 당기비용으로 인식한다.

CHAPTER 09 유형자산 [2]

01 ★☆☆

다음 중 유형자산의 감가상각에 대한 설명으로 옳지 않은 것은?

① 정액법으로 감가상각하던 기계장치가 일시적으로 조업을 중단하는 경우 감가상각비를 인식하지 않는다.
② 자동차 회사가 판매 목적 자동차를 운송하기 위하여 보유하는 차량은 유형자산이므로 감가상각한다.
③ 감가상각방법은 자산의 미래 경제적 효익이 소비될 것으로 예상되는 형태를 반영한다.
④ 감가상각의 본질은 합리적이고 체계적인 원가의 배분 과정이다.

02 ★★☆

㈜한국은 X1년 초에 기계장치(추정 내용연수 4년, 잔존가치 ₩80,000, 연수합계법 상각)를 취득하였다. X1년 동 기계장치의 감가상각비는 ₩400,000이다. 이를 이용하여 계산한 기계장치의 취득원가는?

① ₩1,000,000
② ₩1,080,000
③ ₩1,100,000
④ ₩1,200,000

03 ★☆☆

㈜한국은 X1년 7월 1일에 토지와 건물을 ₩1,000,000에 일괄취득하였다. 취득 당시 토지의 공정가치는 ₩1,050,000, 건물의 공정가치는 ₩350,000이다. 이를 이용하여 계산한 X1년 건물의 감가상각비는? (단, 건물의 경우 원가모형을 적용하며, 내용연수 4년, 잔존가치 ₩0, 연수합계법으로 월할 상각한다.)

① ₩120,000
② ₩100,000
③ ₩80,000
④ ₩50,000

정답과 해설 p.31

04 ★☆☆

㈜한국은 X1년 초에 기계장치 ₩870,000(원가모형, 내용연수 5년, 잔존가치 ₩20,000, 정액법 상각)을 취득하였다. 이후 X2년 말에 처음으로 손상 징후를 발견하였으며, 동년 말 기계장치의 순공정가치와 사용가치는 각각 ₩400,000, ₩430,000이다. 이를 이용하여 계산한 X2년 말 기계장치손상차손은?

① ₩130,000
② ₩110,000
③ ₩100,000
④ ₩0

05 ★★☆

㈜한국은 X1년 1월 1일에 기계장치 ₩1,000,000(원가모형, 내용연수 4년, 잔존가치 ₩0, 정액법 월할 상각)을 취득하였다. 동년 말 기계장치의 순공정가치와 사용가치는 각각 ₩680,000, ₩690,000이다. ㈜한국은 X2년 7월 1일에 동 기계장치를 현금 ₩570,000에 처분하였다. 이를 이용하여 계산한 X2년 기계장치 처분손익은?

① ₩110,000 처분손실
② ₩110,000 처분이익
③ ₩5,000 처분이익
④ ₩5,000 처분손실

06 ★★☆

㈜한국은 X1년 초에 기계장치 ₩10,000(원가모형, 내용연수 5년, 잔존가치 ₩0, 정액법 상각)을 취득하였다. X1년 말에 손상 징후를 발견하여 손상 검사를 실시한 결과, 동년 말 기계장치의 순공정가치와 사용가치는 각각 ₩5,400, ₩6,400이다. 이후 X2년 말에 손상이 회복되어 기계장치의 회수가능액은 ₩6,800이 되었다. 이를 이용하여 계산한 X2년 말 기계장치의 장부금액은?

① ₩6,300
② ₩6,000
③ ₩5,400
④ ₩5,000

07 ★★☆

㈜한국은 X1년 초에 구축물 ₩120,000(원가모형, 내용연수 3년, 잔존가치 ₩0, 정액법 상각)을 취득하였다. X1년 말에 동 구축물의 회수가능액이 ₩68,000으로 하락하여 손상차손을 인식하였다. 이후 X2년 말에 동 기계장치의 회수가능액이 ₩52,000으로 되었다. 이를 이용하여 계산한 X2년 말 손상차손 환입액은?

① ₩0
② ₩18,000
③ ₩12,000
④ ₩6,000

08 ★☆☆

㈜한국은 X1년 중에 토지 ₩100,000를 취득하면서 매 보고기간 말에 재평가모형을 적용하기로 하였다. X1년 말과 X2년 말 현재 토지의 공정가치가 각각 ₩90,000, ₩120,000이다. 이에 대한 설명으로 옳은 것은? (단, 재평가잉여금을 이익잉여금으로 대체하는 방법은 선택하고 있지 않다.)

① X1년 말 포괄손익계산서상 당기순이익이 ₩10,000 감소한다.
② X2년 말 포괄손익계산서상 당기순이익이 ₩30,000 증가한다.
③ X2년 말 재무상태표상 재평가잉여금 금액은 ₩30,000이다.
④ X2년 말 재무상태표상 토지 금액은 ₩100,000이다.

09
★★☆

㈜한국은 X1년 초에 항공기 ₩21,000를 구입하면서 매 보고기간 말에 재평가모형을 적용하기로 하였다. X1년 말 항공기의 감가상각누계액은 ₩300이고, 공정가치는 ₩22,000이다. X2년 말 항공기의 감가상각누계액은 ₩1,000이고, 공정가치는 ₩15,000이다. 이에 대한 설명으로 옳지 않은 것은? (단, 재평가잉여금을 이익잉여금으로 대체하는 방법은 선택하고 있지 않고, 재평가 시 감가상각누계액 전액제거법을 사용하고 있다.)

① X1년 말 재평가잉여금은 ₩1,300이다.
② X1년 말 항공기의 장부금액은 ₩22,000이다.
③ X2년 재평가손실은 ₩7,000이다.
④ X2년 재평가손실은 포괄손익계산서상 비용 항목으로 당기순이익에 영향을 미친다.

10
★★☆

다음 중 유형자산의 차입원가에 대한 설명으로 옳지 않은 것은?

① 적격자산의 취득, 건설 또는 생산과 직접 관련된 차입원가는 당해 자산 취득원가의 일부로 자본화한다.
② 적격자산에 대한 적극적인 개발활동을 중단한 기간에는 차입원가의 자본화를 중단한다.
③ 회계기간 동안 특정목적차입금으로부터 실제 발생한 차입원가에서 당해 차입금의 일시적인 운용으로 발생한 투자수익을 차감한 금액만 자본화한다.
④ 금융자산 및 유형자산은 적격자산에 해당한다.

CHAPTER 09

유형자산 [3]

01 ★☆☆

다음 중 유형자산의 취득원가에 포함되지 않는 항목은?

① 최초에 자산을 해체, 제거하거나 부지를 복구하는 데 소요될 것으로 추정되는 원가
② 유형자산이 정상적으로 작동되는지 여부를 시험하는 과정에서 발생한 원가
③ 전문가에게 지급하는 수수료
④ 기업의 영업 전부 또는 일부를 재배치하거나 재편성하는 과정에서 발생하는 원가

02 ★★☆

유형자산의 인식, 측정 및 평가에 대한 설명으로 옳지 않은 것은?

① 유형자산 취득 시 불가피하게 매입하는 국공채의 매입가액과 현재가치평가액의 차액은 당해 유형자산의 취득원가에 포함된다.
② 석유화학공장이 환경규제요건을 충족하기 위해 설치한 화학처리공정설비는 유형자산으로 인식한다.
③ 장기후불조건으로 구입하였을 경우 우선 실제 지급액을 원가로 보아 유형자산으로 인식한다.
④ 유형자산에 대한 후속원가 중 동 자산이 제공하는 미래 경제적 효익이 커지면 자산으로 인식한다.

03 ★★☆

다음은 ㈜한국이 사옥 건설을 위해 매입한 토지와 건물에 관한 자료이다. 이를 이용하여 계산한 토지의 취득원가는? (단, 토지 진입로는 영구적이고, 울타리의 내용연수는 5년이다.)

내역	금액(₩)
구건물 포함 토지 매입대금	3,000
구건물 철거비	500
구건물 철거 시 발생한 고철 매각대금	300
울타리 공사비	1,000
토지 진입로 공사비	1,000
신건물 건설 계약금	500

① ₩4,500
② ₩4,200
③ ₩4,000
④ ₩3,500

정답과 해설 p.33

04
★☆☆

㈜한국은 X1년 1월 1일에 기계장치 ₩1,500,000(원가모형, 내용연수 5년, 잔존가치 ₩0, 정액법 상각)을 취득하였다. ㈜한국은 X3년 1월 1일에 동 기계장치를 ㈜민국의 차량과 교환하면서 현금 ₩120,000을 추가로 지급하였다. X3년 1월 1일 동 기계장치의 공정가치는 ₩1,210,000이고, 이러한 거래는 상업적 실질이 있다. 이를 이용하여 계산한 ㈜한국의 X3년 유형자산처분손익은?

① ₩310,000 처분이익
② ₩320,000 처분이익
③ ₩330,000 처분이익
④ ₩345,000 처분이익

05
★☆☆

㈜한국은 X1년 7월 1일에 기계장치 ₩200,000(원가모형, 내용연수 5년, 잔존가치 ₩0, 정액법 월할 상각)을 취득하면서 사용 목적이 제한적이고 상환의무가 없는 정부보조금 ₩20,000을 수령하였다. 이를 이용하여 계산한 X3년 12월 31일 기계장치의 순장부금액은? (단, 정부보조금은 관련된 유형자산의 차감계정으로 표시하는 회계정책을 적용하고 있다.)

① ₩105,000
② ₩95,000
③ ₩90,000
④ ₩80,000

06
★★☆

㈜한국은 X1년 초 구축물 ₩300,000(원가모형, 내용연수 10년, 잔존가치 ₩30,000, 정액법 상각)을 취득하였으며, 내용연수 종료시점에 이를 해체하여 원상복구해야 한다. X1년 초 복구비용의 현재가치는 ₩2,820으로 추정되며 이는 충당부채의 인식 요건을 충족한다. 복구비용의 현재가치 계산 시 적용되는 유효이자율은 10%이다. 이에 대한 설명으로 옳지 않은 것은? (단, 소수점 발생 시 소수점 아래 첫째 자리에서 반올림한다.)

① X1년 말 당기총비용은 ₩27,564이다.
② X1년 말 복구충당부채는 ₩2,820이다.
③ X1년 말 복구충당부채 관련 이자비용은 ₩282이다.
④ X1년 초 구축물의 취득원가는 ₩302,820이다.

07 ★☆☆

다음 중 유형자산의 감가상각에 대한 설명으로 옳지 않은 것은?

① 각 회계기간의 감가상각비는 다른 자산의 장부금액에 포함되는 경우가 아니라면 당기손익으로 인식한다.
② 잔존가치, 내용연수 및 감가상각방법은 적어도 매 회계연도 말에 재검토한다.
③ 감가상각방법의 체계적인 적용을 위해 반드시 매 회계기간 동일한 방법을 적용하여야 하는 것은 아니다.
④ 유형자산의 기말공정가치 변동을 반영하기 위해 감가상각한다.

08 ★★☆

㈜한국은 토지를 취득하면서 재평가모형을 적용하기로 하였다. 다음은 동 토지의 취득원가 및 각 회계연도 말 토지의 공정가치에 관한 자료이다. 이를 이용하여 ㈜한국이 X3년에 인식할 당기손익 및 총포괄손익은? (단, 법인세효과는 고려하지 않는다.)

구분	취득원가	각 회계기간 말 공정가치		
	X1년 초	X1년 말	X2년 말	X3년 말
토지	₩10,000	₩10,200	₩11,300	₩9,500

① 당기손실 ₩500, 총포괄손실 ₩1,800
② 당기손실 ₩1,800, 총포괄손실 ₩1,800
③ 당기손실 ₩500, 총포괄손실 ₩500
④ 당기손실 ₩1,800, 총포괄손실 ₩500

09
★★★

㈜한국은 X1년 기계장치 ₩1,000,000(재평가모형, 내용연수 5년, 잔존가치 ₩0, 정액법 상각)을 취득하였다. 동 기계장치의 X1년 말 및 X2년 말 공정가치는 각각 ₩960,000, ₩540,000이다. X2년 말 동 기계장치의 회수가능액은 ₩420,000이다. 이를 이용하여 계산한 X2년 말 포괄손익계산서상 당기총비용은? (단, X2년 말 기계장치에 대해 손상차손을 인식해야 할 객관적인 증거가 있다. 자산을 사용함에 따라 재평가잉여금을 대체하는 정책을 채택하지 않는다.)

① ₩380,000
② ₩330,000
③ ₩280,000
④ ₩150,000

10
★★☆

다음 중 유형자산의 재평가모형에 대한 설명으로 옳지 않은 것은?

① 전기에 재평가잉여금을 계상했을 때, 전기 평가이익 범위 내 평가손실은 재평가잉여금과 우선 상계한다.
② 유형자산을 제거하는 경우 재평가잉여금을 이익잉여금으로 대체할 수 있다.
③ 손상에 대한 객관적인 사유가 발생하는 경우, 재평가 후에 손상 회계처리를 수행한다.
④ 전기에 재평가잉여금을 계상했을 때, 전기 평가손실 범위 밖 평가이익만 재평가잉여금으로 계상한다.

CHAPTER 10

투자부동산

01 ★★☆

다음 중 투자부동산에 해당하지 않는 것은?

① 장래 사용목적을 결정하지 못한 채로 보유하고 있는 미사용 토지
② 운용리스로 제공하기 위하여 보유하고 있는 미사용 토지
③ 금융리스로 제공하고 있는 토지
④ 금융리스를 통해 보유하고 운용리스로 제공하고 있는 토지

02 ★☆☆

다음 중 투자부동산에 해당하는 것은?

① 해양 천연가스를 발굴하기 위하여 설치한 대형 해양탐사 구조물
② 동물원의 원숭이
③ 향후 투자부동산으로 사용하기 위하여 개발 중인 토지
④ 건물 소유주가 직접 경영하는 호텔

03 ★☆☆

다음 중 투자부동산의 회계처리에 대한 설명으로 옳지 않은 것은?

① 자가사용부동산을 공정가치로 평가하는 투자부동산으로 대체하는 경우 대체하는 시점까지 그 부동산을 감가상각하고, 손상차손을 인식한다.
② 투자부동산을 공정가치모형으로 후속 측정하는 경우 기말평가 전에 감가상각비를 먼저 인식한다.
③ 투자부동산을 공정가치모형으로 후속 측정하는 경우 공정가치 변동은 당기손익으로 인식한다.
④ 투자부동산의 취득원가는 투자부동산의 구입금액과 취득에 직접적으로 관련된 지출까지 포함한다.

정답과 해설 p.35

04
★☆☆

㈜한국은 X1년 1월 1일에 임대수익과 시세차익을 목적으로 건물 ₩1,000,000(내용연수 10년, 잔존가치 ₩0, 정액법 상각)을 구입하면서 공정가치모형을 적용하기로 하였다. X1년 말 동 건물의 공정가치는 ₩890,000이다. 이를 이용하여 계산한 ㈜한국의 X1년 말 평가손실은?

① 당기손실 ₩110,000
② 당기손실 ₩10,000
③ 기타포괄손실 ₩110,000
④ 기타포괄손실 ₩10,000

05
★☆☆

다음은 ㈜한국이 보유하고 있는 공정가치모형 투자부동산에 관한 자료이다. 이를 이용하여 계산한 ㈜한국의 X2년 말 당기손익은?

구분	취득원가	X1년 말 공정가치	X2년 말 공정가치
토지 A	₩105,000	₩113,000	₩130,000
토지 B	₩120,000	₩118,000	₩110,000
건물 C	₩52,500	₩55,000	₩67,500

① ₩29,500 이익
② ₩21,500 손실
③ ₩29,500 손실
④ ₩21,500 이익

06
★★☆

㈜한국은 X1년 1월 1일에 건물 ₩1,000,000(내용연수 10년, 잔존가치 ₩0)을 취득하면서 투자부동산으로 분류하였다. X1년 말 동 건물의 공정가치는 ₩930,000이다. 이에 대한 설명으로 옳은 것은? (단, 법인세효과는 고려하지 않는다.)

① 원가모형 적용 시 공정가치모형보다 당기순이익이 ₩30,000 더 크다.
② 원가모형 적용 시 공정가치모형보다 당기순이익이 ₩30,000 더 작다.
③ 공정가치모형 적용 시 평가이익은 ₩30,000이다.
④ 원가모형과 공정가치모형의 당기순이익은 같다.

07
★☆☆

㈜한국은 X1년 초에 건물 ₩200,000(내용연수 5년, 잔존가치 ₩0, 정액법 상각)을 취득하면서 투자부동산으로 분류하고 원가모형을 적용하기로 하였다. X1년 말 동 건물의 공정가치는 ₩150,000이다. 이를 이용하여 계산한 X1년 말 당기총비용은? (단, 법인세효과 및 그 밖의 거래는 고려하지 않는다.)

① ₩0
② ₩40,000
③ ₩50,000
④ ₩90,000

08
★★★

㈜한국은 X1년 초에 사용목적으로 건물 ₩100,000(재평가모형, 내용연수 5년, 잔존가치 ₩0, 정액법 상각)을 취득하였다. X1년 말 동 건물의 공정가치는 ₩97,000이다. ㈜한국은 X2년 초에 사용목적으로 보유하고 있는 건물을 임대목적으로 변경하기로 하고 공정가치로 평가하는 투자부동산으로 대체하였다. X2년 초 및 X2년 말 동 건물의 공정가치는 각각 ₩73,000, ₩93,000이다. 이를 이용하여 계산한 ㈜한국의 X2년 말 당기손익은?

① ₩20,000 이익
② ₩4,000 손실
③ ₩24,000 이익
④ ₩13,000 이익

09 ★★★

㈜한국은 X1년 초에 판매목적으로 건물 ₩100,000을 취득하였다. X1년 말 동 건물의 순실현가능가치는 ₩97,000이다. ㈜한국은 X2년 초에 판매목적으로 보유하고 있는 건물을 임대목적으로 변경하기로 하고 공정가치로 평가하는 투자부동산으로 대체하였다. X2년 초 및 X2년 말 동 건물의 공정가치는 각각 ₩82,000, ₩93,000이다. 이를 이용하여 계산한 ㈜한국의 X2년 말 당기손익은?

① ₩4,000 손실
② ₩11,000 이익
③ ₩7,000 손실
④ ₩3,000 손실

10 ★★☆

다음 중 투자부동산으로 대체하는 회계처리에 대한 설명으로 옳지 않은 것은?

① 투자부동산에 대해 공정가치모형을 적용하는 경우 사업목적 변경 시점의 공정가치로 분류한다.
② 공정가치로 평가하게 될 자가건설투자부동산의 건설이나 개발이 완료되면 해당일의 공정가치와 기존장부금액의 차액은 당기손익으로 인식한다.
③ 자가사용부동산을 공정가치로 평가하는 투자부동산으로 대체하는 경우 장부금액과 공정가치의 차액을 유형자산 재평가모형의 방법으로 처리한다.
④ 재고자산을 공정가치로 평가하는 투자부동산으로 대체하는 경우 장부금액과 공정가치의 차액을 기타포괄손익으로 처리한다.

CHAPTER 11

무형자산 [1]

01 ★☆☆

다음 중 무형자산의 회계처리에 대한 설명으로 옳은 것은?

① 내부 프로젝트에서 연구단계와 개발단계로 구분할 수 없는 지출은 모두 개발단계에서 발생한 것으로 본다.

② 내용연수가 유한한 무형자산의 잔존가치는 적어도 매 회계연도 말에는 재검토한다.

③ 무형자산은 실제로 처분한 때에만 재무상태표에서 제거한다.

④ 브랜드, 제호, 출판표제, 고객목록 및 이와 실질이 유사한 항목은 항상 무형자산으로 분류한다.

02 ★☆☆

다음 자료를 이용하여 계산한 재무상태표상 무형자산은? (단, 그 밖의 상황은 고려하지 않는다.)

- 미래 경제적 효익을 창출할 것으로 기대되는 고객관계 개선 관련 프로젝트에 ₩10,000 지출
- 배타적 통제가능성을 획득한 품질 향상 제조기법에 ₩10,500 지출
- 기계장치 ₩120,000와 함께 기계장치 제어 소프트웨어 프로그램 ₩22,500에 구입
- 순자산의 공정가치가 ₩300,000인 피합병법인에 대하여 이전대가로 ₩420,000 지출

① ₩163,000

② ₩152,500

③ ₩140,500

④ ₩130,500

03 ★☆☆

다음 중 내용연수가 유한한 무형자산의 상각에 대한 설명으로 옳지 않은 것은?

① 제조기업이 제품을 생산하는 과정에서 발생한 상각비는 발생 시점에 당기손익으로 인식한다.

② 매각예정비유동자산으로 분류되는 날과 재무상태표에서 제거되는 날 중 이른 날에 상각을 중지한다.

③ 상각기간과 상각방법은 적어도 매 회계연도 말에 검토한다.

④ 상각방법은 자산의 경제적 효익이 소비될 것으로 예상되는 형태를 반영하여야 한다. 다만, 그 형태를 신뢰성 있게 결정할 수 없는 경우 정액법을 사용한다.

정답과 해설 p.37

04 ★☆☆

다음 중 무형자산에 대한 설명으로 옳은 것은?

① 유형자산과 달리 재평가모형을 적용하지 않는다.
② 내용연수가 비한정인 무형자산은 손상 검사를 수행하지 않는다.
③ 영업권은 상각하지 않는다.
④ 내용연수가 비한정인 무형자산의 내용연수가 유한한 것으로 다시 추정되는 경우라도 상각하지 않는다.

05 ★☆☆

다음은 ㈜한국의 무형자산에 관한 자료이다. 이를 이용하여 계산한 X1년 말 무형자산상각비는? (단, 그 밖의 상황은 고려하지 않는다.)

- 1월 1일　: 신제품을 홍보하기 위해 ₩10,000을 지출하였다.
- 4월 1일　: 라이선스를 취득하기 위해 ₩12,000을 지출하였다.
- ㈜한국은 모든 무형자산을 정액법(내용연수 5년, 잔존가치 ₩0)으로 월할 상각한다.

① ₩4,400
② ₩3,800
③ ₩2,400
④ ₩1,800

06 ★★☆

㈜한국은 X1년 1월 1일에 활성시장이 존재하는 특허권 ₩1,000,000(재평가모형, 내용연수 5년, 잔존가치 ₩0, 정액법 상각)을 취득하여 사용하기 시작하였다. X1년 말 및 X2년 말 동 특허권의 공정가치는 각각 ₩640,000, ₩500,000이다. 이를 이용하여 계산한 ㈜한국의 X2년 말 당기순손익 및 재평가잉여금은? (단, 재평가잉여금의 일부를 이익잉여금으로 대체하는 회계처리는 하지 않는다. 또한 법인세효과는 고려하지 않는다.)

① 당기순손실 ₩140,000, 재평가잉여금 ₩0
② 당기순손실 ₩140,000, 재평가잉여금 ₩20,000
③ 당기순이익 ₩140,000, 재평가잉여금 ₩0
④ 당기순이익 ₩140,000, 재평가잉여금 ₩20,000

07 ★★☆

다음 중 무형자산의 손상에 대한 설명으로 옳지 않은 것은?

① 매 회계기간 말에 손상 징후가 있는지 검토하고, 만일 있다면 해당 자산의 회수가능액을 추정한다

② 내용연수가 유한한 무형자산은 손상 징후가 있는지에 관계없이 매년 손상 검사를 수행한다.

③ 자산의 회수가능액이 장부금액에 미달하는 경우 손상차손을 인식한다.

④ 영업권의 손상차손은 회복할 수 없다.

08 ★★☆

다음은 ㈜한국의 연구 및 개발에 관한 자료이다. 이를 이용하여 계산한 ㈜한국의 포괄손익계산서상 연구비는? (단, 개발비로 분류되는 지출은 자산인식요건을 충족한다고 가정한다.)

• 새로운 지식을 얻고자 하는 활동에 대한 지출	₩10,000
• 생산이나 사용 전의 시제품과 모형을 시험하는 활동에 대한 지출	₩23,000
• 상업적 생산 목적으로 실현 가능한 경제적 규모가 아닌 시험 공장을 가동하는 지출	₩34,000
• 내부 프로젝트에서 연구단계와 개발단계로 구분할 수 없는 지출	₩20,000

① ₩87,000

② ₩64,000

③ ₩53,000

④ ₩30,000

09
★☆☆

㈜한국은 X1년 초에 ㈜민국을 흡수합병하였다. 취득일 현재 ㈜민국의 순자산 공정가치는 ₩50,000이다. ㈜한국은 이전대가로 현금 ₩80,000을 지급하였다. 이를 이용하여 계산한 ㈜한국의 영업권은?

① ₩40,000
② ₩30,000
③ ₩20,000
④ ₩0

10
★★☆

㈜한국은 X1년 초에 ㈜민국을 흡수합병하였다. 취득일 현재 ㈜민국의 재무상태표상 자산총액은 ₩1,000,000, 부채총액은 ₩800,000이다. 이러한 장부금액은 토지를 제외하고는 공정가치와 일치한다. 한편, 토지는 장부상 ₩120,000으로 기록되어 있으나 합병 시점 공정가치는 ₩200,000이다. ㈜한국은 이전대가로 현금 ₩300,000을 지급하였다. 이를 이용하여 계산한 ㈜한국의 영업권은?

① ₩40,000
② ₩30,000
③ ₩20,000
④ ₩0

CHAPTER 11

무형자산 [2]

01 ★☆☆

다음 중 무형자산의 회계처리에 대한 설명으로 옳지 않은 것은?

① 무형자산은 물리적 실체는 없지만 식별 가능한 비화폐성 자산이다.
② 무형자산은 취득 시점에 원가로 측정한다.
③ 내부적으로 창출한 영업권은 무형자산으로 인식하지 않는다.
④ 내부 프로젝트의 연구단계에 대한 지출은 일정한 조건을 충족하는 경우 무형자산으로 인식할 수 있다.

02 ★☆☆

다음 중 무형자산에 대한 설명으로 옳은 것은?

① 라이선스는 특정 기술이나 지식을 일정 지역 내에서 사용하기로 한 권리로, 일정 기간 동안 상각한다.
② 합병으로 취득하는 무형자산의 취득원가는 취득일의 공정가치로 인식한다.
③ 내부 프로젝트의 개발단계에 대한 지출은 항상 무형자산으로 인식한다.
④ 숙련된 종업원은 무형자산이다.

03 ★☆☆

다음 중 무형자산에 대한 설명으로 옳지 않은 것은?

① 무형자산은 미래 경제적 효익이 유입될 가능성이 높고 취득원가를 신뢰성 있게 측정할 수 있을 때 인식한다.
② 특허권, 상표권, 저작권 등은 무형자산이다.
③ 내용연수가 비한정인 무형자산은 매년 손상 검사를 수행하여 손상차손(또는 손상차손환입)을 인식한다.
④ 무형자산의 상각기간은 20년을 초과할 수 없다.

정답과 해설 p.39

04 ★★☆

㈜한국은 X1년 중에 개발 중인 모바일 어플리케이션을 위하여 ₩500,000을 지출하였다. ㈜한국은 X2년 4월 말까지 추가로 ₩120,000을 지출하고 개발을 완료하였으며, 즉시 영업에 사용하기 시작하였다. 동 모바일 어플리케이션의 내용연수는 4년이고 잔존가치 없이 정액법으로 월할 상각한다. 이를 이용하여 계산한 ㈜한국의 X2년 말 무형자산상각비는? (단, 개발활동 관련 지출은 X2년에 무형자산 인식기준을 충족하였다.)

① ₩20,000
② ₩22,500
③ ₩30,000
④ ₩105,000

05 ★★☆

다음 중 유형자산 및 무형자산의 재평가모형에 대한 설명으로 옳지 않은 것은?

① 재평가잉여금은 관련 자산이 제거될 때 이익잉여금으로 직접 대체할 수 있다.
② 재평가모형에서 원가모형으로 변경할 때 비교 표시되는 과거 기간의 재무제표를 소급하여 다시 작성한다.
③ 무형자산의 재평가모형에서 활성시장이 없는 경우 전문가의 감정가액을 재평가금액으로 할 수 있다.
④ 재평가모형을 최초로 적용하는 경우 재무제표를 소급하여 다시 작성하지 않는다.

06 ★★☆

다음은 ㈜한국의 X1년 연구 및 개발활동에 관한 자료이다. 이를 이용하여 계산한 ㈜한국의 X1년 말 당기 비용은? (단, 개발활동관련 지출 중 50%만이 무형자산 인식기준을 충족하였다.)

• 새로운 지식을 얻고자 하는 활동	₩30,000
• 연구 결과나 기타 지식을 탐색, 평가, 응용하는 활동	₩230,000
• 재료, 장치, 제품, 공정, 시스템이나 용역에 대한 여러 가지 대체안을 탐색하는 활동	₩125,000
• 상업적 생산 목적으로 실현 가능한 경제적 규모가 아닌 시험 공장을 설계하는 활동	₩213,000

① ₩385,000
② ₩491,500
③ ₩598,000
④ ₩0

07 ★☆☆

㈜한국은 X1년 1월 1일에 산업재산권 ₩100,000(재평가모형, 내용연수 5년, 잔존가치 ₩0, 정액법 상각)을 취득하고 사용을 시작하였다. 동 산업재산권의 X1년 말 공정가치는 각각 ₩88,000이다. 이를 이용하여 계산한 ㈜한국의 X1년 재무상태표상 재평가잉여금은?

① ₩0
② ₩3,000
③ ₩5,000
④ ₩8,000

08 ★★★

㈜한국은 ㈜민국과의 흡수합병을 고려하고 있다. 다음은 ㈜민국을 실사한 결과이다.

- 자산의 장부가치: ₩38,000(공정가치: ?)
- 부채의 장부가치: ₩30,000(공정가치: ₩30,000)
- 자본금: ₩8,000

최종적으로 ㈜한국은 ㈜민국의 90%를 ₩10,000에 취득하면서 영업권 ₩1,000을 인식하였다. 이를 이용하여 계산한 ㈜민국의 자산의 공정가치는?

① ₩40,000
② ₩48,000
③ ₩50,000
④ ₩54,000

09
★★★

㈜한국은 X1년 초에 ㈜민국을 흡수합병하였다. 취득일 현재 ㈜민국의 재무상태표상 자산총액은 ₩500,000, 부채총액은 ₩100,000이다. 이러한 장부금액은 건물을 제외한 공정가치와 일치한다. 한편, 건물은 장부상 ₩120,000으로 기록되어 있으나 합병 시점 공정가치는 ₩170,000이다. ㈜한국은 이전대가로 ㈜한국의 보통주 10주(주당 공정가치 ₩40,000)를 교부하였다. 이를 이용하여 계산한 ㈜한국의 영업권 또는 염가매수차익은?

① 영업권 ₩50,000
② 영업권 ₩0
③ 염가매수차익 ₩50,000
④ 염가매수차익 ₩0

10
★★☆

다음 중 무형자산에 대한 설명으로 옳지 않은 것은?

① 발생 시점에 비용으로 인식된 무형자산 관련 지출은 그 이후에 무형자산의 원가로 인식될 수 있다.
② 무형자산으로 정의되기 위해서는 식별가능성, 자원에 대한 통제가능성 및 미래 경제적 효익의 존재라는 세 요건을 모두 충족하여야 한다.
③ 컴퓨터로 제어되는 기계장치의 가동에 반드시 필요한 특정 소프트웨어의 경우 관련 유형자산에 포함된다.
④ 무형자산의 잔존가치는 특별한 경우를 제외하고는 일반적으로 ₩0이다.

CHAPTER 12

금융부채 [1]

01 ★☆☆

다음 중 금융부채에 해당하지 않는 것은?

① 미지급금
② 매입채무
③ 선수금
④ 차입금

02 ★★☆

다음 중 사채 발행 회계처리에 대한 설명으로 옳지 않은 것은?

① 사채할인발행차금 상각액은 시간이 경과함에 따라 증가한다.
② 사채를 할증발행한 경우 이자비용은 현금지급액과 사채할증발행차금 상각액을 가산하여 구한다.
③ 상각후원가 측정 금융부채의 사채발행비가 있는 경우에 유효이자율은 그러하지 않은 경우보다 높다.
④ 사채를 할인발행 또는 할증발행한 경우, 마지막 기간에 상각 후 사채의 장부금액은 그 액면금액과 같다.

03 ★☆☆

다음 중 사채 발행 회계처리에 대한 설명으로 옳지 않은 것은? (단, 이자율은 0%보다 크다.)

① 사채를 할증발행한 경우 상각액은 매 기간 감소한다.
② 사채를 할증발행한 경우 이자비용은 매 기간 감소한다.
③ 사채를 할인발행한 경우 상각액은 매 기간 증가한다.
④ 사채를 할인발행한 경우 이자비용은 매 기간 증가한다.

정답과 해설 p.41

04

★★☆

㈜한국은 X1년 1월 1일에 사채(액면금액 ₩1,000,000, 액면이자율 8%, 만기 3년, 매년 말 지급)를 할인 발행하였다. 다음은 연도별 사채할인발행차금 상각액에 관한 자료이다.

X1년 말	X2년 말	X3년 말
₩28,471	₩31,888	₩35,713

이에 대한 설명으로 옳지 않은 것은?

① X2년 말에 인식할 이자비용은 ₩111,888이다.
② X1년 초에 인식할 사채의 장부금액은 ₩903,928이다.
③ 유효이자율은 8%보다 크다.
④ X1년 말에 지급한 현금은 ₩51,529이다.

05

★☆☆

㈜한국은 X1년 초에 사채(액면금액 ₩1,000,000, 액면이자율 8%, 유효이자율 12%, 만기 3년, 매년 말 지급)를 발행하였다. 이를 이용하여 계산한 ㈜한국의 X1년 초 사채 발행금액은? (단, 3년 후 ₩1의 현재가치는 0.7, 연금현재가치는 2.40이다.)

① ₩882,000
② ₩892,000
③ ₩902,000
④ ₩912,000

06

★★☆

㈜한국은 X1년 3월 초에 사채 ₩95,200(액면금액 ₩100,000, 액면이자율 8%, 만기 3년, 매년 말 지급)를 발행하였다. 한편, 동 사채와 관련하여 사채발행비 ₩1,000이 발생하였다. 이에 따라 ㈜한국이 만기까지 인식해야 할 이자비용 총액은?

① ₩29,800
② ₩30,800
③ ₩31,800
④ ₩32,800

07

★★☆

㈜한국은 X1년 1월 1일에 사채 ₩90,500(액면금액 ₩100,000, 연간 유효이자율 10%, 만기 4년, 매년 말 지급)를 발행하였다. X1년 12월 31일에 동 사채의 장부금액은 ₩92,550이다. 이를 이용하여 계산한 사채의 연간 액면이자율은?

① 5%

② 6%

③ 7%

④ 8%

08

★☆☆

㈜한국은 X1년 초에 사채 ₩900,500(액면금액 ₩1,000,000, 액면이자율 6%, 유효이자율 10%, 만기 3년, 매년 말 지급)를 발행하였다. ㈜한국은 X2년 초에 동 사채를 현금 ₩950,000에 상환하였다. 이를 이용하여 계산한 ㈜한국의 X2년 사채상환손익은?

① ₩19,450 이익

② ₩19,450 손실

③ ₩49,500 이익

④ ₩49,500 손실

09 ★★☆

㈜한국은 당기 말(이자지급일)에 사채(액면금액 ₩100,000, 액면이자율 10%, 매년 말 지급)를 현금 ₩108,000(액면이자지급액 포함)에 조기상환하면서 사채상환이익 ₩15,000을 인식하였다. 이를 이용하여 계산한 당기 말 사채 장부금액은?

① ₩123,000
② ₩120,000
③ ₩115,000
④ ₩113,000

10 ★★☆

㈜한국은 X1년 1월 1일에 사채 ₩900,500(액면금액 ₩1,000,000, 액면이자율 6%, 유효이자율 10%, 만기 3년, 매년 말 지급)을 발행하였다. 한편, ㈜민국은 동 사채를 발행 시점에 전액 매입하여 상각후원가 측정 금융자산으로 분류하였다. 이에 대한 설명으로 옳지 않은 것은? (단, 소수점이 발생하는 경우 소수점 이하는 반올림한다. 또한 그 밖의 상황은 고려하지 않는다.)

① ㈜한국의 X1년 12월 31일 재무상태표상 사채할인발행차금 상각액은 ₩30,050이다.
② ㈜한국의 X1년 12월 31일 포괄손익계산서상 이자비용은 ₩90,050이다.
③ ㈜민국이 X2년 1월 1일에 동 사채를 현금 ₩940,000에 전부 처분할 경우 금융자산 처분손실을 인식한다.
④ ㈜민국의 X1년 12월 31일 재무상태표상 상각후원가 측정 금융자산 장부금액은 ₩930,550이다.

CHAPTER 12

금융부채 [2]

01 ★★☆

다음 중 사채에 대한 설명으로 옳지 않은 것은?

① 사채할인발행차금 상각액은 매 기간 증가하고, 사채할증발행차금 환입액은 매 기간 감소한다.
② 사채 발행 시 시장이자율보다 상환 시 시장이자율이 높으면 사채상환이익이 발생한다.
③ 자기사채는 사채 취득 목적에 관계없이 사채에서 직접 차감한다.
④ 사채할인발행차금 상각액은 사채 장부금액을 증가시킨다.

02 ★★☆

㈜한국은 X1년 1월 1일에 사채 ₩87,320(액면금액 ₩100,000, 액면이자율 6%, 유효이자율 10%, 4년 만기, 매년 말 지급)를 발행하였다. 이에 대한 설명으로 옳지 않은 것은? (단, 소수점이 발생하는 경우 소수점 이하는 반올림한다.)

① X1년 1월 1일에 차변에 현금 ₩87,320과 사채할인발행차금 ₩12,680을, 대변에 사채 ₩100,000를 기록한다.
② X1년 12월 31일에 차변에 이자비용 ₩8,732을, 대변에 현금 ₩6,000과 사채할인발행차금 ₩2,732을 기록한다.
③ X1년 12월 31일 사채 장부금액은 ₩89,000이다.
④ 만기까지 인식해야 할 이자비용 총액은 ₩36,680이다.

03 ★★☆

㈜한국은 X1년 초에 사채 ₩1,050,000(액면금액 ₩1,000,000, 액면이자율 12%, 유효이자율 10%, 만기 3년, 매년 말 지급)를 발행하였다. ㈜한국은 X2년 초에 동 사채를 현금 ₩950,000에 상환하였다. 이를 이용하여 계산한 ㈜한국의 X2년 사채상환손익은?

① ₩75,000 이익
② ₩85,000 이익
③ ₩75,000 손실
④ ₩85,000 손실

정답과 해설 p.43

04
★☆☆

다음 중 사채발행 회계처리에 대한 설명으로 옳지 않은 것은?

① 사채 액면이자율이 시장 유효이자율보다 크면 할증발행한다.
② 사채할증발행 시 사채발행비는 사채발행금액과 사채할증발행차금을 감소시킨다.
③ 사채할인발행 시 사채발행비는 사채발행금액과 사채할인발행차금을 증가시킨다.
④ 일반적으로 유효이자율은 시장이자율과 동일하다.

05
★★☆

㈜한국은 X1년 1월 1일에 사채 ₩105,344(액면금액 ₩100,000, 액면이자율 8%, 유효이자율 6%, 만기 3년, 매년 말 지급)을 발행하였다. 다음은 동 사채의 연도별 사채할증발행차금 상각액에 관한 자료이다. 이에 따라 ㈜한국이 만기까지 인식해야 할 이자비용 총액은?

X1. 12. 31.	X2. 12. 31.	X3. 12. 31.	합계
₩1,679	₩1,780	₩1,885	₩5,344

① ₩21,656
② ₩20,656
③ ₩19,656
④ ₩18,656

06
★☆☆

㈜한국은 X1년 1월 1일에 사채(액면금액 ₩100,000, 액면이자율 12%, 유효이자율 10%, 만기 3년, 매년 말 지급)를 발행하였다. 이를 이용하여 계산한 ㈜한국의 X2년 사채 이자비용은? (단, 소수점이 발생하는 경우 소수점 이하는 반올림한다.)

기간	10%		12%	
	단일금액	연금	단일금액	연금
3년	0.75	2.5	0.70	2.4

① ₩10,000
② ₩10,350
③ ₩10,700
④ ₩11,000

07 ★★☆

㈜한국은 X1년 1월 1일에 3년 만기 사채를 발행하였다. 동 사채는 매년 말 액면이자를 지급하고 유효이자율법에 따라 사채할인발행차금을 상각한다. 다음은 X2년 12월 31일에 사채 관련 회계처리를 수행한 결과이다.

(차) 이자비용	₩60,000	(대) 사채할인발행차금	₩50,000
		(대) 현금	₩10,000

X2년 12월 31일 사채 장부금액은 ₩550,000이다. 이를 이용하여 계산한 유효이자율은?

① 18%

② 15%

③ 14%

④ 12%

08 ★★☆

㈜한국은 X1년 1월 1일에 사채 ₩94,920(액면금액 ₩100,000, 연간 액면이자율 8%, 만기 4년, 매년 말 지급)을 발행하였다. X3년 1월 1일 동사채를 ₩100,000에 상환하였다. 상환일까지 인식한 이자비용은 ₩19,200이라면, 사채상환과 관련하여 인식하게 될 당기손익은 얼마인가?

① ₩1,880 이익

② ₩1,880 손실

③ ₩4,120 이익

④ ₩4,120 손실

09
★★☆

㈜한국은 X1년 초에 사채 ₩112,434(액면금액 ₩100,000, 액면이자율 15%, 유효이자율 10%, 만기 3년, 매년 말 지급)를 발행하였다. ㈜한국은 동 사채를 X2년 말 이자지급 이후에 현금 ₩100,000에 조기상환하였다. 이에 대한 설명으로 옳지 않은 것은? (단, 소수점이 발생하는 경우 소수점 이하는 반올림한다.)

① X1년 초 대변에 사채할증발행차금 ₩12,434을 인식한다.
② X1년 말 사채할증발행차금 환입액은 ₩3,757이다.
③ X2년 말 차변에 사채상환손실 ₩4,545을 인식한다.
④ X2년 말 이자비용은 ₩10,868이다.

10
★☆☆

㈜한국은 X1년 초에 사채 ₩1,050,000(액면금액 ₩1,000,000, 액면이자율 12%, 유효이자율 10%, 만기 3년, 매년 말 지급)을 발행하였다. ㈜한국은 X2년 초에 동 사채를 현금으로 상환하면서 사채상환손실 ₩8,000을 인식하였다. 이를 이용하여 계산한 ㈜한국의 현금지급액은?

① ₩1,043,000
② ₩1,027,000
③ ₩1,019,000
④ ₩1,000,000

CHAPTER 13

충당부채와 종업원급여

01 ★☆☆

다음 중 충당부채에 대한 설명으로 옳지 않은 것은?

① 충당부채로 인식할 수 있는 현재의 의무는 법적의무이다.

② 충당부채를 인식하기 위해서는 과거 사건에 따른 현재의 의무가 기업의 미래 행위와 독립적이어야 한다.

③ 충당부채는 지출 시기 또는 금액이 불확실하다.

④ 미래의 예상 영업손실은 충당부채로 계상할 수 없다.

02 ★☆☆

다음 중 충당부채와 우발부채에 대한 설명으로 옳은 것은?

① 우발부채는 자원의 유출가능성을 최초 인식시점에 판단하며 이를 지속적으로 평가하지 않는다.

② 우발부채는 경제적 효익의 유출가능성이 높지 않은 경우 주석으로 공시한다.

③ 불법적인 환경오염으로 인한 환경정화비용의 경우 그 위법성으로 인해 충당부채로 인식할 수 없다.

④ 입법 예고된 법규의 세부사항이 아직 확정되지 않은 경우에도 의무가 발생한 것으로 본다.

03 ★★☆

다음 중 충당부채에 대한 설명으로 옳은 것은?

① 제3자와 연대하여 의무를 지는 경우, 이행할 전체 의무를 충당부채로 인식한다.

② 다수의 항목과 관련된 충당부채를 측정하는 경우, 가능한 모든 결과에 대한 확률 중 최댓값으로 추정한다.

③ 보고기간 말에 현재 의무를 이행하는 데 필요한 지출에 대한 최선의 추정치를 충당부채로 인식한다.

④ 충당부채의 현재가치 평가 시 적용할 할인율은 세후 이자율이다.

정답과 해설 p.45

04 ★★☆

㈜한국은 TV를 제조하여 판매하고 있다. 또한 보증기간 내 제조상 결함이 발견되는 경우 제품을 수선하거나 새제품으로 교환해주는 제품보증정책을 취하고 있다. 이에 대한 설명으로 옳지 않은 것은?

① 경제적 효익을 갖는 자원의 유출가능성이 희박한 경우에는 재무제표에 인식하지 아니한다.
② 경제적 효익을 갖는 자원의 유출가능성이 높지 않으나 희박하지도 않은 경우에는 우발부채로 공시한다.
③ 경제적 효익을 갖는 자원의 유출가능성이 높으며 금액을 신뢰성 있게 추정할 수 있는 경우에는 충당부채로 인식한다.
④ 경제적 효익을 갖는 자원의 유출가능성이 높으나 금액을 신뢰성 있게 추정할 수 없는 경우에도 충당부채로 인식한다.

05 ★★☆

다음은 ㈜한국이 X1년 말 결산 중에 처리해야 할 사항에 관한 자료이다. 이에 따라 ㈜한국이 재무상태표상 인식할 충당부채 금액은? (단, 제시된 금액은 모두 신뢰성 있게 측정되었다.)

ㄱ. X1년 중 판매한 제품에 대해 총 ₩1,000,000의 보증수리 비용이 향후 2년간 발생할 것으로 예상된다.
ㄴ. X1년 중 해상구조물을 현금 ₩1,200,000으로 구입하였다. 한편, 환경보호 법률은 동 구조물의 추정 내용연수가 종료된 후에 훼손된 환경을 원상 복구하도록 정하고 있다. 이를 위하여 총 ₩500,000의 복구비용이 향후 내용연수 종료시점에 발생할 것으로 예상되며, 현재가치는 ₩300,000이다.
ㄷ. X1년 말 현재 ㈜한국은 손해배상청구소송의 피고로 재판을 받고 있다. 당기재무제표 승인 시점까지 소송 판결은 확정되지 않은 상태이며, ㈜한국의 변호사는 회사가 법적의무를 지지 않을 가능성이 아주 높다고 조언하였다. 다만, ㈜한국이 패소할 경우 총 ₩3,400,000의 손해배상비용이 발생할 것으로 예상된다.

① ₩5,600,000
② ₩2,200,000
③ ₩1,300,000
④ ₩800,000

06 ★☆☆

다음 중 종업원급여에 대한 설명으로 옳지 않은 것은?

① 단기종업원급여는 할인하지 않은 금액으로 인식한다.
② 누적 유급휴가는 종업원이 실제로 유급휴가를 사용하기 전까지 부채나 비용으로 인식하지 않는다.
③ 이익분배 및 상여금제도 관련 원가는 당기비용으로 인식한다.
④ 종업원의 요청에 따른 해고로 발생하는 종업원급여는 해고급여에 포함되지 않는다.

07 ★☆☆

다음 중 확정급여제도에 대한 설명으로 옳지 않은 것은?

① 확정급여채무는 종업원의 당기와 과거 기간 근무용역에 대한 미래지급액의 현재가치이다.
② 확정급여채무의 할인율은 보고기간 말 현재 우량회사채의 시장수익률을 참조하여 결정한다.
③ 순확정급여부채는 확정급여채무에서 사외적립자산을 차감한 금액이다.
④ 순확정급여부채의 재측정요소는 당기손익으로 인식한다.

08 ★★☆

다음 자료를 이용하여 계산한 ㈜한국의 X2년 말 재무상태표상 순확정급여부채는?

- X1년 말 확정급여제도에 따라 확정급여채무 ₩200,000, 사외적립자산 ₩120,000을 인식하였다.
- X2년 중 퇴직한 종업원에게 ₩50,000을 지급하였다.
- X2년 중 추가로 확정급여채무 ₩20,000, 사외적립자산 ₩50,000을 인식하였다.
- 이자수익(비용)과 화폐의 시간가치는 고려하지 않는다.

① ₩50,000
② ₩40,000
③ ₩30,000
④ ₩0

09 ★☆☆

다음 중 퇴직급여제도에 대한 설명으로 옳은 것은?

① 확정급여제도에서 확정급여채무의 할인율은 보고기간 말 현재 해당 기업의 자본조달비용이다.
② 확정급여제도에서 보험수리적손익은 포괄손익계산서상 기타포괄손익으로 인식된다.
③ 확정기여제도에서 기업의 현재의무는 종업원에게 지급하기로 약정한 급여로 한정한다.
④ 확정기여제도에서 기업이 투자위험을 부담한다.

10 ★★☆

㈜한국은 확정급여제도를 운영하고 있다. 확정급여채무 계산 시 5%의 할인율을 적용하며, 퇴직금은 X1년 말에 지급을 완료하였다. 다음 자료를 이용하여 계산한 ㈜한국의 X1년 말 퇴직금지급액은? (단, 확정급여채무의 재측정요소는 없다고 가정한다.)

• X1년 초 확정급여채무	₩250,000
• 당기근무원가	₩40,000
• X1년 말 확정급여채무	₩170,000

① ₩120,000
② ₩135,000
③ ₩132,500
④ ₩170,000

CHAPTER 14

자본 [1]

01 ★☆☆

다음은 ㈜한국의 X1년 재무정보이다. 이를 이용하여 계산한 X1년 자본출자액은? (단, 배당금은 고려하지 않는다.)

구분	기초	기말
자산총액	₩600,000	₩650,000
부채총액	₩120,000	₩100,000
수익	₩210,000	
비용	₩150,000	

① ₩100,000
② ₩10,000
③ ₩0
④ ₩20,000

02 ★★☆

다음은 ㈜한국의 X1년 및 X2년 기말 부분 재무제표이다.

구분	X1년	X2년
자산총액	₩30,000	₩47,500
부채총액	₩12,000	₩11,000
순이익	₩5,000	₩2,500

㈜한국은 X2년 중에 보통주 10주를 주당 ₩200에 발행하였고 ₩1,000에 현금배당, ₩700에 주식배당을 하였다. 이를 이용하여 계산한 ㈜한국의 X2년 포괄손익계산서상 기타포괄손익은?

① ₩15,000
② ₩16,000
③ ₩17,000
④ ₩18,000

정답과 해설 p.47

03
★☆☆

다음 자료를 이용하여 계산한 자본잉여금은?

• 이익준비금	₩1,000,000
• 자기주식	₩1,820,000
• 자기주식처분이익	₩3,870,000
• 주식발행초과금	₩4,200,000
• 보통주자본금	₩5,000,000
• 우선주자본금	₩1,200,000
• 사업확장적립금	₩2,000,000
• 감자차익	₩1,130,000
• 미처분이익잉여금	₩3,730,000

① ₩13,020,000　② ₩11,020,000
③ ₩9,200,000　④ ₩5,330,000

04
★☆☆

다음은 X1년 12월 31일 ㈜한국의 자본계정에 관한 정보이다. 이를 이용하여 계산한 보통주의 주당 배당액은?

• 자본금내역	
보통주	₩500,000
우선주(배당률 5%, 비누적적·비참가적)	₩100,000
• 모든 주식은 사업 개시 시점에 발행하였으며 주당 액면금액은 ₩10,000이다.	
• 정관에 의하여 이사회는 ₩60,000의 현금배당을 결의하였다.	

① ₩2,000　② ₩1,450
③ ₩1,200　④ ₩1,100

05
★★☆

㈜한국은 주식할인발행차금 잔액 ₩270,000이 있는 상태에서 보통주 1,000주(주당 액면금액 ₩5,000, 주당 발행가격 ₩10,000)를 발행하였다. 또한 주식 발행과 직접 관련된 비용 ₩700,000이 발생하였다. 이에 대한 설명으로 옳은 것은? (단, 모든 거래는 현금거래이다.)

① 주식 발행과 직접 관련된 비용 ₩700,000은 당기손익으로 처리한다.
② 주식할인발행차금 잔액은 ₩270,000이다.
③ 자본은 ₩9,300,000 증가한다.
④ 주식발행초과금 잔액은 ₩4,300,000이다.

06 ★☆☆

다음 중 자본에 대한 설명으로 옳지 않은 것은? (단, 자기주식의 회계처리는 원가법을 따른다.)

① 자기주식처분손실은 포괄손익계산서상 당기비용이다.
② 실질적 감자의 경우 자본금과 자산이 감소하고, 감자차익 또는 감자차손이 발생할 수 있다.
③ 감자 시 주주에게 지급하는 대가가 감소하는 주식의 액면금액보다 적을 때 그 차액이 감자차익이다.
④ 자기주식 처분 시 수취하는 대가가 자기주식의 취득원가보다 적을 때 그 차액이 자기주식처분손실이다.

07 ★☆☆

㈜한국은 X1년 3월 1일에 자기주식 1,200주를 매입하였고, X1년 6월 1일에 그 중 100주를 소각하였다. 그리고 X1년 11월 1일에 자기주식 400주를 ㈜민국에게 처분하였다. 이를 이용하여 계산한 ㈜한국의 유통주식수의 변동은?

① 700주 증가
② 400주 증가
③ 900주 감소
④ 800주 감소

08 ★☆☆

㈜한국은 X1년 초 설립하였다. 다음은 ㈜한국의 자본거래에 관한 자료이다. 이를 이용하여 계산한 ㈜한국의 X1년 말 자본총액은?

- X1년 1월: 보통주 1,000주(주당 액면금액 ₩500) 액면발행
- X1년 2월: 자기주식 200주를 주당 ₩600에 현금매입
- X1년 4월: 자기주식 150주를 주당 ₩700에 현금매입
- X1년 6월: X1년 2월에 구입한 자기주식 100주를 주당 ₩850에 처분
- X1년 9월: X1년 2월에 구입한 자기주식 100주를 주당 ₩750에 처분

① ₩400,000
② ₩435,000
③ ₩470,000
④ ₩485,000

09 ★★☆

다음 중 자본거래에 대한 설명으로 옳지 않은 것은?

① 주식배당과 무상증자의 경우 자본총액은 변하지 않는다.
② 주식분할과 무상증자의 경우 자본금이 증가한다.
③ 주식병합의 경우 발행주식수가 감소하지만 주식분할의 경우 발행주식수가 증가한다.
④ 주식분할의 경우 주당 액면금액이 감소하지만 주식배당과 무상증자의 경우 주당 액면금액은 불변이다.

10 ★★☆

㈜한국의 X1년 초 자본총액은 ₩1,000,000이다. 다음은 ㈜한국의 X1년도 자본거래에 관한 자료이다. 이를 이용하여 계산한 ㈜한국의 X1년 말 자본총액은? (단, 법인세효과는 고려하지 않는다.)

- X1년 당기순이익은 ₩150,000이다.
- 보통주 100주(주당 액면금액 ₩1,000, 주당 발행가격 ₩1,500)를 발행하였다. 신주발행비로 현금 ₩10,000을 지출하였다.
- 자기주식 10주를 주당 ₩1,200에 취득하였다가 전부 ₩2,500에 처분하였다.
- 현금배당 ₩20,000과 주식배당 ₩12,000을 실시하였다. 또한 ₩10,000을 이익준비금으로 적립하였다.

① ₩1,170,000
② ₩1,210,000
③ ₩1,252,000
④ ₩1,283,000

CHAPTER 14

자본 [2]

01 ★☆☆

다음 자료를 이용하여 계산한 ㈜한국의 당기순이익은?

- 기초자본은 자본금과 이익잉여금으로만 구성되어 있다.
- 기말자산은 기초자산에 비해 ₩180,000 증가하였고, 기말부채는 기초부채에 비해 ₩30,000 증가하였다.
- 당기 중에 유상증자 ₩100,000을 하였다.
- 당기 중에 재평가모형을 적용하는 유형자산에 대한 재평가잉여금 ₩20,000을 인식하였다.

① ₩0
② ₩10,000
③ ₩20,000
④ ₩30,000

02 ★☆☆

㈜한국의 X1년 말 총자산은 ₩120,000 증가하였고, 총부채는 ₩40,000 증가하였다. ㈜한국은 X1년 중 유상증자 ₩25,000와 현금배당 ₩10,000 및 주식배당 ₩12,000을 실시하였다. 또한 ㈜한국의 X1년 기타포괄손익은 ₩20,000이다. 이를 이용하여 계산한 ㈜한국의 X1년 당기순이익은?

① ₩20,000
② ₩25,000
③ ₩37,500
④ ₩45,000

03 ★★☆

다음 자료를 이용하여 계산한 자본총액은?

• 자기주식	₩20,000
• 이익준비금	₩17,000
• 주식발행초과금	₩10,500
• 자본금	₩80,000
• 미교부주식배당금	₩25,000
• 미처분이익잉여금	₩40,000

① ₩192,500
② ₩172,500
③ ₩152,500
④ ₩132,500

정답과 해설 p.50

04 ★☆☆

다음 중 기타포괄손익 항목에 포함되지 않는 것은?

① 주식발행초과금
② 기타포괄손익-공정가치 측정 금융자산의 공정가치 평가손익
③ 확정급여제도의 보험수리적손익
④ 재평가모형 적용 유형자산의 재평가잉여금

05 ★★★

㈜한국은 X1년 1월 1일에 영업을 개시하였다. 다음은 X2년 말 현재 자본금 계정에 관한 자료이다.

• 보통주 100주	₩500,000
• 우선주 A 30주(배당률 10%, 비누적적·비참가적)	₩150,000
• 우선주 B 60주(배당률 5%, 누적적·완전참가적)	₩300,000

모든 주식은 영업 개시와 동시에 발행하였으며 주당 액면금액은 ₩5,000이다. 또한 ㈜한국은 과거 배당을 한 적이 없었으나, X3년 3월 1일 현재 주주총회에서 ₩90,000의 배당을 선언하였다. 이에 대한 설명으로 옳은 것은?

① 우선주 A 소유주에게 배당금 ₩37,500 지급
② 우선주 B 소유주에게 배당금 ₩15,000 지급
③ 보통주 소유주에게 최우선으로 배당금 배분
④ 보통주 소유주에게 배당금 ₩37,500 지급

06 ★☆☆

㈜한국은 X1년 말에 보통주 100주(주당 액면금액 ₩5,000, 주당 발행가격 ₩10,000)를 발행하였다. 이때 주식발행비 ₩10,000이 발생하였다. 한편, ㈜한국은 유상증자 전까지 주식할인발행차금 ₩240,000을 인식하고 있었다. 이를 이용하여 계산한 ㈜한국의 X1년 말 주식발행초과금은?

① ₩490,000
② ₩260,000
③ ₩250,000
④ ₩0

07 ★★☆

㈜한국은 X1년 1월 1일에 보통주 10,000주(주당 액면금액 ₩1,000, 주당 발행가격 ₩1,000)를 발행하였다. 한편, ㈜한국은 X1년 3월 1일에 보통주 1,000주를 주당 ₩800에 매입하여 소각했고, X1년 8월 1일에 보통주 1,000주를 주당 ₩1,500에 매입하여 소각했다. 이를 이용하여 계산한 X1년 8월 1일 감자차손 잔액은?

① ₩500,000
② ₩300,000
③ ₩200,000
④ ₩100,000

08 ★★☆

㈜한국의 X1년 초 자본잉여금은 ₩1,000,000이다. 다음은 ㈜한국의 X1년 중 발생한 자본거래에 관한 자료이다. 이를 이용하여 계산한 ㈜한국의 X1년 말 자본잉여금은? (단, 다음 거래를 수행하는 데 충분한 계정 금액을 가지고 있으며, 자기주식에 대하여 원가법을 적용한다.)

- X1년 1월: 보통주 1,000주(주당 액면금액 ₩1,000, 주당 발행가격 ₩1,500) 발행
- X1년 2월: 주주총회에서 현금배당 ₩100,000 결의
- X1년 3월: 자기주식 100주를 주당 ₩2,000에 현금매입
- X1년 4월: 결의한 배당금을 현금으로 지급
- X1년 6월: X1년 3월에 구입한 자기주식 50주를 주당 ₩4,000에 처분

① ₩1,600,000
② ₩1,560,000
③ ₩1,520,000
④ ₩1,480,000

09 ★☆☆

다음 중 자본거래에 대한 설명으로 옳지 <u>않은</u> 것은?

① 무상증자의 경우 자본 총액은 변동하지 않고 자본금은 증가한다.
② 주식배당의 경우 자본 총액은 변동하지 않고 자본금은 증가한다.
③ 주식분할의 경우 자본 총액은 변동하지 않고 자본금은 증가한다.
④ 유상증자의 경우 자본 총액과 자본금은 모두 증가한다.

10
★☆☆

다음 중 자본총액에 영향을 미치는 거래로 옳지 않은 것은?

① 정기 주주총회에서 현금배당을 결의하였다.
② 기계장치를 구입하면서 대금 일부를 외상으로 처리하였다.
③ 건물 임차료를 현금으로 지급하였다.
④ 창고에 화재가 발생하여 보관 중이던 상품 일부가 소실되었다.

CHAPTER 14

자본 [3]

01 ★☆☆

㈜한국의 X1년 12월 31일 총자산과 총부채는 각각 ₩600,000, ₩350,000이고, X1년 총포괄이익은 ₩130,000이다. 또한 ㈜한국은 X1년 중에 현금배당 ₩20,000을 지급하였다. 이를 이용하여 계산한 ㈜한국의 X1년 1월 1일 순자산은?

① ₩160,000
② ₩150,000
③ ₩140,000
④ ₩130,000

02 ★☆☆

다음 중 재분류조정 대상 기타포괄손익으로 옳지 않은 것은?

① 확정급여제도의 재측정요소
② 기타포괄손익-공정가치 측정 채무상품의 공정가치 평가손익
③ 현금흐름 위험회피 파생상품 평가손익 중 위험회피에 효과적인 부분(단, 위험회피대상항목이 비금융자산이나 비금융부채를 인식하는 거래가 아님)
④ 해외사업장 환산손익

03 ★★★

㈜한국은 X1년 1월 1일에 영업을 개시하였다. 다음은 X3년 말 현재 자본금 계정에 관한 자료이다.

• 보통주 80주	₩400,000
• 우선주 A 20주(배당률 10%, 비누적적·비참가적)	₩100,000
• 우선주 B 20주(배당률 10%, 누적적·완전참가적)	₩100,000

모든 주식은 영업 개시와 동시에 발행하였으며 주당 액면금액은 ₩5,000이다. 또한 ㈜한국은 과거 배당을 한 적이 없었으나, X4년 3월에 열린 주주총회에서 X3년 12월 31일을 배당기준일로 하여 ₩100,000의 현금배당을 할 것이라고 선언하였다. 이를 이용하여 계산한 ㈜한국의 보통주 배당액은?

① ₩34,000
② ₩56,000
③ ₩10,000
④ ₩44,000

정답과 해설 p.52

04
★★☆

㈜한국은 X1년 1월 1일에 보통주 1,000주(주당 액면금액 ₩5,000)를 발행하여 영업을 개시하였다. 그리고 X1년 1월 1일에 누적적 · 비참가적 우선주 100주(주당 액면금액 ₩5,000, 배당률 10%)를 발행하였다. ㈜한국은 X3년까지 배당을 하지 못하다가 X4년에 당기순이익을 기록하면서 X5년 주주총회에서 현금배당 ₩5,000,000을 결의하였다. 이를 이용하여 계산한 우선주 배당액은?

① ₩50,000
② ₩100,000
③ ₩150,000
④ ₩200,000

05
★☆☆

㈜한국은 X1년 초 보통주 100주(주당 액면금액 ₩1,000, 주당 발행가격 ₩2,000)를 발행하였고, 주식발행비 ₩1,000가 발생하였다. 이에 대한 설명으로 옳은 것은? (단, 기초 주식할인발행차금은 없다.)

① 자본총액은 ₩200,000 증가한다.
② 자본금은 ₩199,000 증가한다.
③ 자본잉여금은 ₩100,000 증가한다.
④ 주식발행비는 주식발행초과금에 차감 반영된다.

06
★☆☆

㈜한국은 X1년 초 보통주 100주(주당 액면금액 ₩1,000, 주당 발행가격 ₩1,500)를 발행하였고, 주식발행과 직접 관련된 원가 ₩3,000와 간접원가 ₩1,000가 발생하였다. 이를 이용하여 계산한 ㈜한국의 자본총액에 대한 영향은? (단, 기초 주식할인발행차금은 ₩100,000이다.)

① ₩150,000 증가
② ₩147,000 증가
③ ₩146,000 증가
④ ₩46,000 증가

07 ★★☆

㈜한국은 X1년 초 영업을 개시하면서 보통주 10,000주(주당 액면금액 ₩1,000)를 액면발행하였다. 다음은 ㈜한국의 X1년 중 자본거래에 관한 자료이다. 이를 이용하여 계산한 ㈜한국의 X1년 말 자본잉여금 및 자기주식의 장부금액은? (단, 자기주식에 대하여 원가법을 적용한다.)

- X1년 1월: 보통주 1,000주(주당 액면금액 ₩1,000, 주당 발행가격 ₩3,000) 발행
- X1년 2월: 보통주 1,000주(주당 액면금액 ₩1,000, 주당 발행가격 ₩4,500) 발행
- X1년 3월: 자기주식 2,500주를 주당 ₩2,000에 현금매입
- X1년 4월: X1년 3월에 구입한 자기주식 2,000주를 주당 ₩5,000에 처분

① 자본잉여금 ₩11,500,000, 자기주식 ₩2,500,000
② 자본잉여금 ₩11,500,000, 자기주식 ₩1,000,000
③ 자본잉여금 ₩13,000,000, 자기주식 ₩2,500,000
④ 자본잉여금 ₩13,000,000, 자기주식 ₩1,000,000

08 ★☆☆

㈜한국은 장부상 보통주 1,000,000주(주당 액면금액 ₩100)를 발행하고 있고, 이익잉여금 잔액이 ₩10,000,000이다. ㈜한국은 당기에 2%의 주식배당과 주당 ₩5의 현금배당을 선언하였다. 이에 따라 ㈜한국의 자본에 미치는 영향으로 옳지 <u>않은</u> 것은?

① 배당을 선언하여 부채 ₩5,000,000이 증가하였다.
② 배당을 위하여 이익잉여금 ₩7,000,000을 사용하였다.
③ 현금배당액은 ₩5,000,000이다.
④ 주식배당액은 ₩200,000이다.

09 ★★☆

다음 중 자본거래에 대한 설명으로 옳은 것은?

① 중간배당도 이익배당이므로 이익준비금을 적립하여야 한다.
② 이익준비금과 같은 법정적립금을 적립할 경우 이와 동일한 금액을 금융기관에 예치하여야 한다.
③ 매 결산기마다 현금배당액의 10% 이상에 준하는 금액을 자기자본의 50%에 달할 때까지 이익준비금으로 적립해야 한다.
④ 주식을 할인발행한 경우 자본총액은 감소한다.

10
★★☆

다음은 ㈜한국의 X1년 기초 및 기말총자산과 총부채에 관한 자료이다.

구분	기초	기말
자산총액	₩400,000	₩550,000
부채총액	₩100,000	₩140,000

㈜한국은 X1년 기중 유상증자 ₩10,000을 실시하고, 이익처분으로 현금배당 ₩30,000 및 주식배당 ₩25,200을 실시하였다. 또한 이익준비금 ₩5,000을 적립하였다. 이를 이용하여 계산한 ㈜한국의 X1년 당기순이익은?

① ₩100,000
② ₩130,000
③ ₩150,000
④ ₩200,000

CHAPTER 15

수익인식 [1]

01 ★☆☆

다음 중 한국채택국제회계기준 제1115호 '고객과의 계약에서 생기는 수익'에 대한 설명으로 옳지 않은 것은?

① 수익은 통상적인 영업활동에 대한 것뿐만 아니라 차익까지 포함한다.
② 단일 수행의무에 대하여 거래 가격을 배분하는 과정을 통해 수익을 보다 합리적으로 인식하게 된다.
③ 계약상대방이 고객인 경우에만 동 기준서를 적용할 수 있다.
④ 수익은 고객과의 거래를 식별하는 것에서 시작하여 총 5단계의 과정을 거쳐 인식한다.

02 ★★☆

다음 중 수익인식의 5단계 중 계약의 식별에 대한 설명으로 옳지 않은 것은?

① 고객과의 계약이 개시 시점에 그 식별 기준을 모두 충족한 경우 어떠한 경우에도 재검토는 하지 않는다.
② 거래에 상업적 실질이 존재하여야 계약을 식별할 수 있다.
③ 계약은 서면이나 구두 또는 기업의 사업 관행에 따라서 암묵적으로 체결할 수 있다.
④ 고객과의 계약이 개시 시점에 그 식별 기준을 충족하지 못하였으나 고객에게서 대가를 미리 수령하였다면 부채로 처리한다. 이는 추후 식별 기준을 충족한 때 수익으로 인식할 수 있다.

03 ★★☆

다음 중 수익인식의 5단계 중 수행의무의 식별에 대한 설명으로 옳은 것은?

① 고객에게 재화나 용역을 이전하는 것은 아니지만 계약을 위해 수행해야만 하는 활동은 수행의무이다.
② 구별되는 재화와 용역은 각각 별개의 수행의무로 인식하되, 항상 인도기준을 적용한다.
③ 의제의무도 고객에게 약속한 수행의무로 간주될 수 있다.
④ 일련의 거래는 하나의 수행의무로 식별하기 어렵다.

정답과 해설 p.54

04 ★★☆

다음 중 수익인식의 5단계 중 거래가격의 산정에 대한 설명으로 옳지 않은 것은?

① 특성이 비슷한 계약이 많은 경우에 '기댓값'은 변동대가의 적절한 추정치일 수 있다.

② 계약에 유의적인 금융요소를 고려한다면, 계약 개시 시점 이후에 시장 상황이 변하는 경우 그 할인율을 적절하게 수정할 수 있다.

③ 제3자를 대신하여 회수하는 금액은 거래가격에 포함하지 않는다.

④ 고객에게 지급할 대가가 고객에게서 제공받을 구별되는 재화나 용역에 대한 대가라면 다른 공급자에게 구매한 경우와 마찬가지로 당기비용으로 처리한다.

05 ★★☆

다음 중 수익인식의 5단계 중 거래가격의 배분에 대한 설명으로 옳지 않은 것은?

① 거래가격의 후속 변동은 계약 개시 시점과 같은 기준으로 배분한다.

② 거래가격은 계약 개시 시점의 개별 판매가격에 비례하여 배분하나, 이를 직접 관측할 수 없는 경우 추정하여 적용한다.

③ 계약 개시 시점 이후에 개별 판매가격이 변동하더라도 거래가격을 다시 배분하지 않는다.

④ 할인액이 계약상 일부 수행의무에만 관련된 경우에도 모든 수행의무에 비례하여 배분한다.

06 ★★☆

다음 중 수익인식의 5단계 중 수익의 인식에 대한 설명으로 옳은 것은?

① 수행의무의 진행률을 합리적으로 측정할 수 없다면 수행의무의 산출물을 합리적으로 측정할 수 있을 때까지 수익을 인식하지 않는다.

② 한 시점에 해당되는 수행의무는 진행기준을 적용하여 수익을 인식한다.

③ 수행의무가 기간에 걸쳐 이행되는 것으로 판단되면 수행의무 각각에 대해 그 수행의무 완료까지 진행률을 측정하여 기간에 걸쳐 수익을 인식한다.

④ 수행의무의 진행률은 다시 측정하지 않는다.

07
★★★

다음 중 수익인식의 5단계에 대한 설명으로 옳지 않은 것은?

① 개별 판매가격을 추정하기 위해 시장평가 조정 접근법을 적용하는 경우 개별 판매가격은 총 거래가격에서 계약에서 약속한 그 밖의 재화나 용역의 관측 가능한 개별 판매가격의 합계를 차감하여 추정한다.

② 거래가격을 배분하는 목적은 기업이 고객에게 약속한 재화나 용역을 이전하고 그 대가로 받을 권리를 갖게 되는 금액을 나타내는 정도로 각 수행의무를 표시하는 것이다.

③ 고객에게 지급할 대가에는 기업이 고객에게 지급하거나 지급할 것으로 예상하는 현금 금액을 포함한다.

④ 고객이 현금 외의 형태로 대가를 약속한 계약의 경우 그 대가를 공정가치로 측정한다.

08
★★☆

다음 중 한국채택국제회계기준 제1115호 '고객과의 계약에서 생기는 수익'의 재무제표 표시에 대한 설명으로 옳지 않은 것은?

① 계약자산과 수취채권은 일치한다.

② 고객이 대가를 지급하기 전이나 지급기일 전에 고객에게 용역을 이전한다면 계약자산을 인식한다.

③ 수취채권은 고객에게 대가를 받을 무조건적인 권리이다.

④ 수행의무를 이행한 이상 거래가격은 계약에 따른 수익으로서, 포괄손익계산서상 당기손익으로 인식된다.

09
★★★

㈜한국은 총 ₩10,000에 제품 A, 제품 B, 제품 C를 판매하기로 고객과 계약을 체결하였다. ㈜한국은 서로 다른 시점에 각 제품에 대한 수행의무를 이행할 것이다. ㈜한국은 제품 A를 별도로 판매하고 있어 개별 판매가격 ₩5,000을 직접 관측할 수 있으나, 제품 B와 제품 C의 개별 판매가격은 각각 ₩4,000, ₩6,000으로 추정하기로 하였다. 이를 이용하여 계산한 제품 C의 거래가격은?

① ₩3,000
② ₩4,000
③ ₩5,000
④ ₩6,000

10
★★★

㈜한국은 X1년 12월 1일에 고객과 상품 인도 계약을 체결하였다. 동 계약에 따라 ㈜한국은 X2년 중 고객이 정한 날까지 상품을 고객에게 인도하여야 하고 취소할 수 없다. 한편, 고객은 X1년 12월 31일에 대가 ₩10,000를 ㈜한국에게 미리 지급할 것으로 약정하였으나, 당일에 ₩3,000을 지급하였다. 이를 이용하여 계산한 ㈜한국의 X1년 재무상태표상 계약부채는?

① ₩0
② ₩10,000
③ ₩7,000
④ ₩3,000

CHAPTER 15

수익인식 [2]

01 ★★☆

다음 중 위탁판매의 수익인식에 대한 설명으로 옳지 않은 것은?

① 적송운임은 당기비용으로 처리한다.

② 고객에게 재화나 용역을 제공하면서 다른 당사자가 관여하는 경우, 다른 당사자가 제품을 통제하면 수익을 인식한다.

③ 고객에게 재화나 용역을 제공하면서 다른 당사자가 관여하는 경우, 다른 당사자가 제품을 통제하지 못하면 그 다른 당사자가 제3자에게 제품에 대한 통제를 이전할 때 수익을 인식한다.

④ 수탁자는 판매와 관련된 수수료를 수익으로 인식한다.

02 ★★☆

㈜한국은 ㈜민국에게 제품의 판매를 위탁하고 있다. ㈜한국은 X1년 초에 제품 50단위(단위당 판매가격 ₩10,000, 단위당 제조원가 ₩3,000)를 ㈜민국에게 발송하면서 운송업체에게 운반비 ₩50,000을 현금으로 지불하였다. 한편, ㈜민국은 X1년 중에 동 제품의 70%를 판매하였다. ㈜한국은 ㈜민국에게 매출액의 10%를 수수료로 지급한다. 이를 이용하여 계산한 ㈜한국의 X1년 매출총이익은?

① ₩245,000

② ₩230,000

③ ₩225,000

④ ₩210,000

03 ★★☆

다음 중 시용판매의 수익인식에 대한 설명으로 옳지 않은 것은?

① 반품가능성을 예측할 수 없는 경우 불확실성으로 인해 고객에게 제품에 대한 통제를 이전하는 경우에도 수익을 인식할 수 없다.

② 고객이 판매자에게 구입의사를 전달한 때 수익을 인식한다.

③ 반품이 예상되는 제품에 대하여 수익 대신에 환불부채를 기록하되 매출원가는 정상적으로 인식한다.

④ 매 보고기간 말마다 반품 예상 수량의 변동에 따라 환불부채의 측정치를 새로 추정한다.

정답과 해설 p.56

04
★★☆

㈜한국은 X1년 12월 1일에 신제품을 출시하면서 2개월 이내 반품 가능 조건으로 판매하였다. X1년 12월 31일에 반품 기간이 경과되지 않은 금액은 판매가격을 기준으로 ₩500,000이다. 동 제품의 원가율은 80%이다. 이를 이용하여 계산한 ㈜한국의 X1년 매출총이익은? (단, 반품가능성을 예측할 수 있고, 반품률은 10%이다.)

① ₩80,000
② ₩90,000
③ ₩100,000
④ ₩110,000

05
★★☆

다음 중 상품권의 수익인식에 대한 설명으로 옳은 것은?

① 고객에게 상품권을 발행한 때 상품권의 액면금액을 수익으로 인식한다.
② 계약부채 중에서 고객이 행사하지 않을 것으로 예상되는 금액은 수익으로 인식할 수 없고, 재무제표 주석에 관련 사실을 표시한다.
③ 상품권할인액은 매출에누리 형태로 매출액에 차감 조정된다.
④ 상품권을 할인발행하는 경우 상품권의 액면금액의 일정 비율을 상품권할인액 계정으로 인식한다.

06
★★☆

㈜한국은 X1년 초에 상품권 10매(액면금액 ₩20,000)를 10% 할인하여 발행하였다. X1년 말에 고객이 동 상품권 8매를 제시하고 ₩150,000의 상품을 구매하였으며 차액은 현금으로 지급하였다. 이를 이용하여 계산한 ㈜한국의 X1년 매출액은?

① ₩160,000
② ₩154,000
③ ₩140,000
④ ₩134,000

07 ★★☆

다음 중 한국채택국제회계기준 제1115호 '고객과의 계약에서 생기는 수익'에 대한 설명으로 옳지 않은 것은?

① 재화를 판매한 후 설치하는 용역을 제공하는 경우 재화로 보고 수익을 인식한다.
② 정기간행물의 구독료의 경우 가액이 매 기간 비슷하다면 발송 기간에 걸쳐 정액기준으로 수익을 인식한다.
③ 미인도청구판매에서 물리적인 사실과 달리 고객이 제품을 통제하는 경우에는 수익을 인식한다.
④ 용역을 제공하여 발생한 수익은 진행률을 추정할 수 있을 때 기간에 걸쳐 인식한다.

08 ★★☆

다음 중 한국채택국제회계기준 제1115호 '고객과의 계약에서 생기는 수익'에 대한 설명으로 옳지 않은 것은?

① 상품권은 기업이 상품을 고객에게 인도하는 시점에 상품권의 액면금액을 수익으로 인식하고 상품권 할인액을 매출에누리로 처리하여 수익에서 차감한다.
② 미인도청구계약은 고객이 제품을 통제하는 경우에는 기업은 수행의무를 이행한 것으로 보고 수익을 인식한다.
③ 검사조건부판매에서 재화나 용역이 합의된 규격에 부합하는지 객관적으로 판단할 수 있는 경우 고객이 인수하는 시점에 수익을 인식한다.
④ 인도결제판매는 인도가 완료되고 판매자나 판매자의 대리인이 현금을 수취할 때 수익을 인식한다.

09
★★☆

㈜한국은 X1년 초 ㈜민국에게 소프트웨어 프로그램을 판매하면서, 설치 및 구축 서비스에 관한 용역도 함께 제공하기로 하였다. 현금으로 수령한 대가 ₩1,000,000 중 ₩600,000은 소프트웨어 프로그램의 공정가치이다. X1년 말 소프트웨어 프로그램의 설치율은 50%이다. 이에 따라 ㈜한국이 X1년 말 인식하게 될 수익은? (단, 용역은 재화에 부수적이지 않다.)

① ₩0
② ₩600,000
③ ₩700,000
④ ₩800,000

10
★☆☆

다음 중 한국채택국제회계기준 제1115호 '고객과의 계약에서 생기는 수익'에 따라 수익을 인식하는 사건으로 옳지 않은 것은?

① 상품을 거래처에 위탁하였고, 거래처는 판매를 완료하였다.
② 상품을 도착지 인도기준으로 판매하기로 계약하고 이를 화물선에 선적하였다.
③ 취득한 채권의 이자수취일이 지났으나 실제로 이자를 받지 못하였다.
④ 용역을 제공하고 그 대가로 거래처에 대한 매입채무를 상계하였다.

CHAPTER 15

수익인식 [3]

01 ★☆☆

다음 중 수익인식의 5단계 중 계약의 식별에 대한 설명으로 옳지 않은 것은?

① 이전할 재화나 용역의 지급조건을 식별할 수 있어야 한다.
② 계약 당사자들이 그 활동이나 과정에서 생기는 위험과 효익을 공유한다.
③ 이전할 재화나 용역에 대하여 받을 권리를 갖게 될 대가의 회수 가능성이 높다.
④ 계약 당사자들이 계약을 서면이나 구두 또는 그 밖의 사업 관행에 따라 승인하고 각자의 의무를 수행하기로 확약한다.

02 ★★☆

다음 중 수익인식의 5단계 중 수행의무의 식별에 대한 설명으로 옳지 않은 것은?

① 수행의무는 고객과의 계약에서 재화나 용역을 이전하기로 한 약속이다.
② 구별되는 재화와 용역은 별개의 수행의무로 보고 각각 수익의 인식기준을 적용한다.
③ 계약준비활동은 수행의무가 아니다.
④ 식별 가능한 수행의무는 계약서에 기재된 재화와 용역에 한정된다.

03 ★★☆

다음 중 수익인식의 5단계 중 거래가격의 산정에 대한 설명으로 옳지 않은 것은?

① 대가는 할인, 리베이트, 환불, 공제, 가격할인, 장려금, 성과보너스, 위약금이나 그 밖의 비슷한 항목의 영향을 받는다.
② 계약에서 가능한 결과가 오직 두 가지라면 기댓값이 변동대가의 적절한 추정치일 수 있다.
③ 변동대가 추정치의 제약의 대표적인 사례로 '반품권이 있는 판매'가 있다.
④ 기업이 대가를 받을 권리가 미래 사건의 발생 여부에 달려 있는 경우에도 약속된 대가는 변동될 수 있다.

정답과 해설 p.58

04 ★★☆

다음 중 기간에 걸쳐 수익을 인식하기 위한 기준에 포함되지 않는 것은?

① 고객은 기업이 수행하는 대로 제공된 효익을 동시에 얻고 소비한다.
② 기업이 수행하여 만들어지는 대로 고객이 통제하는 자산을 기업이 만들거나 그 자산가치를 높인다.
③ 기업이 수행의무를 이행하는 기업의 노력과 변동 지급 조건이 명백히 관련되어 있다.
④ 기업이 수행하여 만든 자산이 기업 자체에는 대체 용도가 없고, 지금까지 수행을 완료한 부분에 대해 집행 가능한 지급청구권이 기업에게 있다.

05 ★★☆

다음 중 한국채택국제회계기준 제1115호 '고객과의 계약에서 생기는 수익'에 대한 설명으로 옳지 않은 것은?

① 반품권이 있는 재화의 판매에서 반품의 가능성을 예측할 수 없는 경우, 고객에게 재화에 대한 통제권을 이전하였을 경우 수익을 인식한다.
② 반품 기간에 언제라도 반품을 받기로 한 기업의 약속은 별도의 수행의무로 회계처리 하지 않는다.
③ 검사조건부판매에서 재화나 용역이 합의된 규격에 부합하는지 객관적으로 판단할 수 있는 경우, 고객의 인수 여부와 관계없이 수익을 인식한다.
④ 위탁판매에서 수탁자가 상품을 판매한 때 수익과 함께 매출원가 및 수수료를 인식한다.

06 ★☆☆

㈜한국은 X1년 1월 초에 세탁기(현금판매가격 ₩2,400,000, 제조원가 ₩1,200,000)를 24개월로 할부판매하였다. 할부금은 X1년 1월 말부터 ₩110,000씩 회수하기로 약정하였다. 이를 이용하여 계산한 ㈜한국의 X1년 매출총이익은? (단, ㈜한국은 한국채택국제회계기준을 준수하여 재무제표를 작성하였다.)

① ₩0
② ₩550,000
③ ₩600,000
④ ₩1,200,000

07 ★★★

다음은 ㈜한국의 X1년 거래에 관한 자료이다. 이에 따라 ㈜한국이 X1년에 인식해야 할 수익은?

> • ㈜한국은 고객 A에게 제품 ₩100,000을 판매하고 고객에게 현금 ₩2,000을 지급하였다. 동 지급액은 고객 A가 ㈜한국의 제품을 선반에 올리는 데 필요한 변경에 대한 보상이다.
> • ㈜한국은 고객 B에게 제품을 판매하고 공정가치 ₩110,000의 기계장치와 현금 ₩30,000을 수령하였다.

① ₩238,000
② ₩240,000
③ ₩248,000
④ ₩250,000

08 ★★☆

㈜한국은 X1년 12월 31일에 제품 100개(단위당 제조원가 ₩100, 단위당 판매가격 ₩200)를 판매하였다. ㈜한국은 판매 후 30일 이내에 고객이 반품하면 전액 환불한다. 반품률은 10%로 추정하고 있다. 이에 대한 설명으로 옳지 <u>않은</u> 것은? (단, 반품제품의 회수비용, 반품제품의 가치하락 및 판매 당일 반품은 없다고 가정한다.)

① X1년 포괄손익계산서상 매출액은 ₩18,000이다.
② X1년 포괄손익계산서상 매출총이익은 ₩10,000이다.
③ X1년 재무상태표상 반환제품회수권은 ₩1,000이다.
④ X1년 재무상태표상 환불부채는 ₩2,000이다.

09 ★★☆

㈜한국은 20X1년 초에 액면가액 ₩100,000인 상품권 10장을 10% 할인한 가격으로 발행하였다. 상품권의 소멸시효는 2년이며, 미사용잔액이 액면가액의 50% 이하일 경우 현금으로 환급한다. 20X1년 중 상품권 6장이 제시되어 ₩550,000의 상품을 판매하고, 미사용잔액은 현금으로 환급하였다. ㈜한국이 20X1년에 인식할 수익은 얼마인가?

① ₩480,000
② ₩490,000
③ ₩550,000
④ ₩600,000

10
★☆☆

㈜한국은 ㈜민국에게 제품의 판매를 위탁하고 있다. ㈜한국은 X1년 초에 제품 100단위(단위당 판매가격 ₩5,000, 단위당 제조원가 ₩1,500)를 ㈜민국에게 발송하였다. 한편, ㈜민국은 X1년 중에 동 제품의 60%를 판매하였고, 개당 판매수수료는 ₩1,000이다. 이를 이용하여 계산한 ㈜한국의 X1년 당기순이익은? (단, 그 밖의 거래는 고려하지 않는다.)

① ₩230,000
② ₩210,000
③ ₩170,000
④ ₩150,000

CHAPTER 16

건설계약

01
★☆☆

다음 중 한국채택국제회계기준 제1115호 '고객과의 계약에서 생기는 수익'에서 규정하는 계약이행원가에 포함되지 않는 것은?

① 계약에 직접 관련되는 원가배분액
② 직접노무원가
③ 계약에 따라 고객에게 명백히 청구할 수 있는 원가
④ 계약을 이행하는 과정에서 낭비된 재료원가, 노무원가 등 계약원가에 반영되지 않은 원가

02
★★☆

㈜한국은 X1년에 건설계약을 체결하고 공사를 진행하였다. 계약금액은 ₩1,000,000, 추정 계약원가는 ₩700,000이고 실제 계약원가도 동일하였다. 한편, 계약원가는 X1년에 20%, X2년에 50%, X3년에 그 나머지 30%가 지출되었으며, X3년에 공사가 완료되어 즉시 상대방에게 인도하였다. 이에 따라 ㈜한국이 X3년에 인식해야 할, 진행기준과 완성기준에서의 이익의 차는? (단, 진행률은 누적 계약원가를 기준으로 결정한다.)

① ₩0
② ₩150,000
③ ₩210,000
④ ₩300,000

03
★☆☆

㈜한국은 X1년에 ㈜민국과 3년간 컨설팅 용역을 제공하기로 계약을 체결하였다. 계약금액은 ₩10,000,000이다. ㈜한국은 용역 수익을 진행기준으로 인식하고 있다. 다음은 동 컨설팅 용역에 관한 원가 자료이다. 이를 이용하여 계산한 ㈜한국의 X2년 용역 이익은?

구분	X1년	X2년	X3년
발생 계약원가	₩500,000	₩300,000	₩1,000,000
완성 시까지 추가 계약원가	₩1,500,000	₩800,000	

① ₩2,000,000
② ₩2,100,000
③ ₩2,200,000
④ ₩2,300,000

정답과 해설 p.60

04 ★☆☆

㈜한국은 X1년 1월 1일 건설계약을 체결하였고, X2년 12월 31일에 완공하기로 하고 도급금액은 ₩6,000,000이다. 추정총계약원가는 ₩5,000,000이고, 해당 추정총계약원가는 매년 말 동일하다. ㈜한국은 용역 수익을 진행기준으로 인식하고 있다. 다음은 동 건설계약에 관한 발생원가 및 회수대금에 관한 자료이다. 이를 이용하여 계산한 ㈜한국의 X2년 이익은? (단, 진행률은 발생원가를 기준으로 결정한다.)

구분	X1년	X2년
발생원가	₩2,000,000	₩3,000,000
회수대금	₩2,500,000	₩3,500,000

① ₩280,000
② ₩420,000
③ ₩600,000
④ ₩700,000

05 ★★☆

㈜한국은 X1년 1월 1일에 건설계약을 체결하였고 X3년 12월 31일에 완공할 예정이다. 계약금액은 ₩2,000,000이다. 다음은 동 건설계약에 관한 자료이다. 이를 이용하여 계산한 ㈜한국의 X2년 이익은? (단, ㈜한국은 용역수익을 진행기준으로 인식하고 있다.)

구분	X1년	X2년	X3년
실제 발생원가	₩200,000	₩400,000	₩350,000
추정 추가원가	₩600,000	₩600,000	
공사대금 청구액	₩500,000	₩500,000	₩1,000,000
공사대금 회수액	₩450,000	₩1,000,000	₩550,000

① ₩100,000
② ₩200,000
③ ₩300,000
④ ₩400,000

06 ★★☆

다음 중 건설계약에 대한 설명으로 옳지 않은 것은?

① 총 계약원가가 총 계약수익을 초과할 가능성이 높은 경우, 예상되는 손실을 즉시 비용으로 처리한다.
② 건설계약의 결과를 신뢰성 있게 추정할 수 없고 원가의 회수가능성도 낮다면 손익을 인식하지 않는다.
③ 미성공사가 진행청구액을 초과하는 경우 계약자산(미청구공사)로 하여 재무상태표상 자산으로 표시한다.
④ 차입원가는 건설계약의 수행 정도와 무관하므로 진행률 산정에 포함하지 않는다.

07 ★★☆

㈜한국은 X1년 1월 1일에 건설계약을 체결하였다. 계약금액은 ₩100,000이다. 다음은 동 건설계약에 관한 자료이다. 이를 이용하여 계산한 ㈜한국의 X2년 12월 31일 재무상태표상 계약자산은? (단, ㈜한국은 용역수익을 진행기준으로 인식하고 있다.)

구분	X1년	X2년	X3년
총발생원가(누적)	₩10,000	₩30,000	₩40,000
총계약원가(추정)	₩30,000	₩40,000	₩40,000
공사대금 청구액	₩23,000	₩47,000	₩30,000
공사대금 회수액	₩20,000	₩45,000	₩35,000

① ₩75,000
② ₩7,000
③ ₩6,000
④ ₩5,000

08 ★★☆

㈜한국은 X1년 초 계약금액이 ₩500,000인 건설계약을 체결하였고 X3년 말 완공할 예정이다. 다음은 동 건설계약에 관한 자료이다. 이를 이용하여 계산한 ㈜한국의 X2년 말 재무상태표상 계약자산(미청구공사) 또는 계약부채(초과청구공사) 금액은 얼마인가? (단, 진행률은 투입원가 기준으로 산정한다.)

구분	X1년	X2년	X3년
실제 발생원가	₩80,000	₩160,000	₩80,000
추정 추가원가	₩180,000	₩60,000	₩40,000
공사대금 청구액	₩200,000	₩180,000	₩120,000
공사대금 회수액	₩180,000	₩200,000	₩120,000

① 계약부채 ₩20,000
② 계약자산 ₩20,000
③ 계약부채 ₩30,000
④ 계약자산 ₩10,000

09 ★★☆

㈜한국은 X1년 초 건설계약을 체결하였다. 계약금액은 ₩4,000,000이고, 공사기간은 4년이다. X1년 중 ₩1,000,000의 비용이 발생하였는데, 총 예정원가와 진행률을 신뢰성 있게 추정할 수 없다. 이를 이용하여 계산한 ㈜한국의 X1년 공사손익은? (단, 발생원가의 회수가능성은 높다고 판단된다.)

① ₩0
② 공사이익 ₩100,000
③ 공사손실 ₩150,000
④ 공사이익 ₩200,000

10 ★★☆

다음 중 건설계약에 대한 설명으로 옳지 않은 것은?

① 건설계약의 진행률을 신뢰성 있게 측정할 수 있는 경우 진행기준을 적용한다.
② 하자보수비는 공사의 진행 정도와 무관하므로 진행률 산정에 포함되지 않는다.
③ 건설장비의 감가상각비는 총 예정원가에 포함되어 진행률 산정에 반영된다.
④ 건설계약의 진행률을 신뢰성 있게 측정할 수 없는 경우 이익의 최선의 추정치를 구하여 인식한다.

CHAPTER 17

회계변경과 오류수정 [1]

01 ★☆☆

다음 중 회계정책의 변경에 대한 설명으로 옳지 않은 것은?

① 특정 기간에 미치는 영향이나 누적 효과를 실무적으로 결정할 수 없는 경우 외에는 소급하여 적용한다.

② 측정 기준의 변경을 포함한다.

③ 회계정책의 변경과 회계추정의 변경을 구분하기 어려운 경우 회계정책의 변경으로 간주한다.

④ 일반적으로 인정된 회계원칙에서 또 다른 일반적으로 인정된 회계원칙으로의 변경만을 의미한다.

02 ★☆☆

다음 중 회계정책의 변경에 해당하지 않는 것은?

① 기계장치의 감가상각방법을 정액법에서 정률법으로 변경하였다.

② 임대목적 건물의 평가방법을 원가모형에서 공정가치모형으로 변경하였다.

③ 판매용 TV의 단위원가 결정방법을 선입선출법에서 평균법으로 변경하였다.

④ 한국채택국제회계기준이 개정되어 재무제표 항목의 표시와 분류 방법을 적절하게 변경하였다.

03 ★★☆

다음 중 회계정책의 변경 회계처리에 대한 설명으로 옳지 않은 것은?

① 과거에 발생한 거래와 실질이 다른 거래에 새로운 회계정책을 적용하는 것은 회계정책의 변경이 아니다.

② 원가모형으로 측정하던 유형자산에 최초로 재평가모형을 적용하는 경우 소급하여 회계처리한다.

③ 과거에 발생하지 않은 거래에 새로운 회계정책을 적용하는 것은 회계정책의 변경이 아니다.

④ 직접 사용하던 부동산의 용도를 임대 목적으로 변경하는 경우 회계정책의 변경에 해당하지 않는다.

정답과 해설 p.62

04 ★☆☆

다음 중 회계추정의 변경에 대한 설명으로 옳지 않은 것은?

① 회계추정의 변경효과는 당해 회계연도의 개시일부터 적용한다.
② 당초 추정의 근거가 되었던 상황이 변화하여 지금까지 사용해오던 회계적 추정치를 바꾸는 것이다.
③ 금융자산이나 금융부채 공정가치에 대한 추정의 변경을 포함한다.
④ 과거에 잘못 측정하였던 추정치를 올바르게 하는 것이다.

05 ★★☆

㈜한국은 X1년 초 기계장치 ₩1,000,000(원가모형, 내용연수 4년, 잔존가치 ₩0, 연수합계법 상각)을 취득하였다. ㈜한국은 X3년 초 동 기계장치의 잔존내용연수를 4년, 잔존가치를 ₩20,000, 감가상각방법을 정액법으로 변경하였다. 이를 이용하여 계산한 ㈜한국의 X3년 말 감가상각비는? (단, 회계추정의 변경은 모두 정당하다.)

① ₩75,000
② ₩70,000
③ ₩65,000
④ ₩60,000

06 ★★☆

㈜한국은 X1년 3월 1일에 기계장치 ₩3,600,000(원가모형, 내용연수 5년, 잔존가치 ₩0, 연수합계법 월할 상각)을 취득하였다. ㈜한국은 X2년 1월 1일에 동 기계장치의 감가상각방법을 정액법으로 변경하였다. 이를 이용하여 계산한 ㈜한국의 X2년 말 감가상각비는?

① ₩624,000
② ₩600,000
③ ₩550,000
④ ₩514,000

07 ★☆☆

㈜한국은 X1년 초 차량운반구 ₩100,000(원가모형, 내용연수 5년, 잔존가치 ₩0, 정액법 상각)을 취득하였다. ㈜한국은 X2년 초 동 차량운반구의 감가상각방법을 연수합계법으로 변경하였다. 이를 이용하여 계산한 ㈜한국의 X2년 말 차량운반구 장부금액은?

① ₩60,000
② ₩50,000
③ ₩48,000
④ ₩28,000

08 ★★☆

다음 중 오류수정에 대한 설명으로 옳지 않은 것은?

① 자동조정오류는 오류가 발생한 회계연도의 다음 회계연도 말까지 발견되지 않을 경우 그 효과가 자동적으로 상쇄된다.
② 비자동조정오류는 오류가 발견된 회계연도의 장부 마감 여부와 관계없이 항상 소급하여 수정한다.
③ 자동조정오류와 비자동조정오류 모두 당기순이익에 영향을 미치는 오류이다.
④ 자동조정오류는 자동적으로 상쇄되기 때문에 그 전에 발견하는 경우에도 수정할 필요가 없다.

09 ★★☆

다음은 ㈜한국이 X1년 재무제표 작성 시 누락한 거래에 관한 자료이다. 이를 이용하여 계산한 X1년 당기순이익에 미치는 영향은?

• 공정가치모형 적용 투자부동산의 평가이익	₩10,000
• 당기손익-공정가치 측정 금융자산 취득 시 거래원가	₩20,500
• 당기에 취득한 재평가모형 적용 유형자산의 평가이익	₩40,000

① ₩70,500 증가
② ₩50,000 증가
③ ₩10,500 감소
④ ₩20,500 감소

10 ★☆☆

㈜한국의 X2년 오류수정 전 법인세비용차감전순이익은 ₩200,000이다. 다음은 ㈜한국의 회계오류에 관한 자료이다. 이를 이용하여 계산한 ㈜한국의 X2년 오류수정 후 법인세 비용차감전순이익은?

회계오류	X1년	X2년
기말재고자산 과소계상	₩10,000	-
기말재고자산 과대계상	-	₩14,000
선급비용을 당기비용으로 처리	₩5,000	₩2,000

① ₩173,000
② ₩187,000
③ ₩197,000
④ ₩202,000

CHAPTER 17

회계변경과 오류수정 [2]

01 ★☆☆

다음 중 회계변경의 성격이 다른 것은?

① 감가상각자산의 측정모형을 원가모형에서 재평가모형으로 변경하였다.
② 감가상각자산의 잔존가치를 취득원가의 10%에서 12%로 변경하였다.
③ 감가상각자산의 내용연수를 10년에서 8년으로 변경하였다.
④ 감가상각자산의 감가상각방법을 정률법에서 정액법으로 변경하였다.

02 ★☆☆

다음 중 회계변경 또는 회계선택의 결과로 당기순이익이 감소하는 것은?

① 정액법으로 감가상각하는 비품의 내용연수를 3년에서 5년으로 변경하였다.
② 신규 취득 기계장치의 감가상각비 계산 시 정액법이 아닌 정률법을 선택하였다.
③ 재고자산의 매입단가가 계속 상승할 때, 재고자산 단위원가 결정방법을 가중평균법에서 선입선출법으로 변경하였다.
④ 정액법으로 감가상각하는 기계장치의 수선비를 자본적 지출로 처리하였다.

03 ★★☆

다음 중 오류수정의 회계처리에 대한 설명으로 옳지 않은 것은?

① 오류가 발생한 과거 기간의 재무제표가 비교표시되지 않으면 재무제표를 소급하여 다시 작성하지 않는다.
② 오류가 발생한 과거 기간의 재무제표가 비교표시되면 해당 재무정보를 소급하여 반영한다.
③ 단순한 계정 분류상의 오류는 당기순이익에 영향을 미치지 않는다.
④ 중요한 오류는 개별적으로나 집합적으로 재무제표에 기초한 경제적 의사결정에 영향을 미친다.

정답과 해설 p.64

04 ★★☆

㈜한국은 X1년 초 기계장치 ₩1,500,000(원가모형, 내용연수 7년, 잔존가치 ₩100,000, 정액법 상각)을 취득하였다. ㈜한국은 X3년 초 동 기계장치의 잔존가치를 ₩50,000, 감가상각방법을 연수합계법으로 변경하였고 이외의 사항은 변함이 없다. 이를 이용하여 계산한 ㈜한국의 X3년 말 감가상각비는? (단, 회계추정의 변경은 모두 정당하다.)

① ₩200,000
② ₩250,000
③ ₩300,000
④ ₩350,000

05 ★☆☆

㈜한국은 X1년 초 차량운반구 ₩200,000(원가모형, 내용연수 4년, 잔존가치 ₩40,000, 정액법 상각)을 취득하였다. ㈜한국은 X2년 초 동 기계장치의 잔존내용연수를 5년, 잔존가치를 ₩25,000, 감가상각방법을 연수합계법으로 변경하였다. 이를 이용하여 계산한 ㈜한국의 X2년 말 차량운반구 장부금액은? (단, 회계추정의 변경은 모두 정당하다.)

① ₩120,000
② ₩118,000
③ ₩115,000
④ ₩90,000

06 ★☆☆

㈜한국은 X1년 1월 1일에 현금 ₩100,000으로 취득한 기계장치를 내용연수 5년, 잔존가치 ₩0으로 하여 정액법으로 감가상각을 해오다가 X3년 1월 1일에 감가상각방법을 연수합계법으로 변경하였다. 이외의 다른 회계추정의 변경은 없다. 이에 따라 ㈜한국이 X3년 12월 31일에 인식해야 할 감가상각비로 옳은 것은?

① ₩20,000
② ₩30,000
③ ₩40,000
④ ₩50,000

07
★★☆

㈜한국은 X1년 1월 1일에 건물을 수선하기 위해 ₩50,000을 지출하였다. 이것은 사실상 자본적 지출이었으나 수익적 지출로 잘못 회계처리하였다. ㈜한국은 정률법으로 감가상각을 하며 상각률은 0.2이다. 이에 따라 ㈜한국의 X1년 12월 31일 당기순이익에 미치는 영향은?

① ₩40,000 과소계상
② ₩40,000 과대계상
③ ₩10,000 과소계상
④ ₩10,000 과대계상

08
★★☆

㈜한국은 X3년 말에 기말재고자산과 관련하여 다음과 같은 오류를 발견하였다. 이를 이용하여 계산한 X3년 말 오류수정 후 당기순이익은? (단, 법인세효과는 고려하지 않는다.)

연도	당기순이익	기말재고자산
X1년	₩20,000	₩2,000 과소평가
X2년	₩22,000	₩3,000 과소평가
X3년	₩40,000	₩4,000 과대평가

① ₩40,000
② ₩37,000
③ ₩33,000
④ ₩30,000

09
★★★

다음은 ㈜한국의 오류수정을 위한 자료이다. 이를 이용하여 계산한 ㈜한국의 X2년 말 오류수정 후 당기순이익은?

- X2년 말 오류수정 전 당기순이익은 ₩50,000이다.
- 다음은 X2년 말 발견된 오류이다.
  - 기말재고자산을 ₩2,000 과대계상하였다.
  - 선급비용 ₩3,000을 당기비용으로 처리하였다.
  - 미지급비용 ₩2,500을 누락하였다.
  - X2년 초 현금으로 지출한 기계장치의 자본적지출 ₩10,000을 수선비로 처리하였다.
    (원가모형, 내용연수 X2년 초부터 시작하여 5년, 잔존가치 ₩0, 정액법 상각)
- 법인세는 고려하지 않고, 모든 오류는 중대하다.

① ₩48,500
② ₩55,000
③ ₩58,500
④ ₩56,500

10
★★☆

㈜한국은 X1년 초 취득원가 ₩1,000,000, 내용연수 5년, 잔존가치 ₩150,000인 비품을 당기비용으로 처리하였다. 동 비품의 감가상각방법은 정액법이다. 이러한 오류는 X2년 장부를 마감하기 전에 발견하였고, 오류수정 전 당기순이익은 ₩2,000,000이다. 이를 이용하여 계산한 ㈜한국의 X2년 말 오류수정 후 당기순이익은? (단, 오류는 중요한 것으로 간주한다.)

① ₩2,000,000
② ₩1,950,000
③ ₩1,830,000
④ ₩1,800,000

CHAPTER 17

회계변경과 오류수정 [3]

01 ★★☆

다음 중 회계변경과 오류수정에 대한 설명으로 옳지 않은 것은?

① 전기오류수정은 오류가 발견된 기간의 당기손익으로 보고한다.
② 회계추정의 변경은 전진법으로, 회계정책의 변경은 소급법으로 처리함을 원칙으로 한다.
③ 현금기준으로 회계처리한 것을 발생기준으로 변경한 것은 오류수정에 해당한다.
④ 한국채택국제회계기준에서 회계정책의 변경을 요구하는 경우 회계정책을 변경할 수 있다.

02 ★☆☆

다음 중 회계변경과 오류수정에 대한 설명으로 옳은 것은?

① 장기건설계약의 회계처리방법을 완성기준에서 진행기준으로 변경하는 것은 회계정책의 변경에 속한다.
② 원가흐름의 가정을 변경하는 것은 회계추정의 변경에 속한다.
③ 충당부채로 인식하여야 하는 항목을 우발부채로 처리한 후 나중에 충당부채로 인식하는 것은 회계정책의 변경에 속한다.
④ 재고자산의 단위원가 결정방법을 후입선출법에서 선입선출법으로 변경하는 것은 오류수정에 속한다.

03 ★☆☆

다음 오류 중 당기순이익에 영향을 미치는 것은?

① 자기주식처분이익을 과소계상하였다.
② 원가모형을 적용하는 유형자산의 손상차손을 계상하지 않았다.
③ 기타포괄손익-공정가치 측정 금융자산 평가이익을 계상하지 않았다.
④ 재평가모형을 적용하는 유형자산의 재평가잉여금을 과대계상하였다.

정답과 해설 p.66

04 ★★☆

㈜한국은 X1년 7월 1일에 건물 ₩1,000,000(원가모형, 내용연수 6년, 잔존가치 ₩130,000, 정액법 상각)을 취득하였고, X2년 1월 1일에 잔존 내용연수는 3년, 잔존가치는 ₩27,500, 감가상각방법은 연수합계법으로 변경하였다. 이를 이용하여 계산한 X2년 말 건물의 장부금액은? (단, 감가상각비는 월할 상각하고, 건물에 대한 손상차손누계액은 없다.)

① ₩477,500
② ₩480,000
③ ₩482,500
④ ₩490,000

05 ★★★

㈜한국은 X1년 10월 1일 건물 관련 화재보험료 ₩3,000,000(3년분)을 선급하고 전액 당기비용으로 처리하였다. 동 오류는 X2년 12월 31일 장부 마감 전에 발견되어 수정하였다. 이에 따라 오류수정 회계처리가 ㈜한국의 X2년 재무제표에 미친 영향으로 옳은 것은? (단, 보험료는 매 기간 균등하게 발생하고, 모든 오류는 중요한 것으로 간주한다.)

① 기말 재무상태표상 전기이월 이익잉여금은 ₩1,750,000 증가한다.
② 기말 포괄손익계산서상 당기비용은 ₩1,750,000 발생한다.
③ 기말 재무상태표상 이익잉여금은 ₩1,750,000 증가한다.
④ 기말 재무상태표상 선급보험료는 ₩1,000,000 감소한다.

06 ★★☆

㈜한국은 재고자산을 실지재고조사법에 따라 기록하고 있다. ㈜한국은 X1년 12월 30일에 상품(제조원가 ₩20,000, 판매가격 ₩50,000)을 외상으로 판매하면서 매출을 인식하였다. 한편, 고객이 동 상품을 인수해가지 않아서 X1년 12월 31일 현재 회사의 창고에 그대로 보관 중이며, ㈜한국은 재고실사 시 동 상품까지 회사의 재고에 포함시키는 오류를 범하였다. 이에 따라 ㈜한국의 당기순이익에 미치는 영향은? (단, 위 거래는 미인도청구판매거래로 수익인식요건을 만족한다.)

① ₩50,000 과소계상
② ₩20,000 과대계상
③ ₩50,000 과대계상
④ ₩20,000 과소계상

07
★☆☆

다음 중 오류수정에 대한 설명으로 옳지 <u>않은</u> 것은?

① 증분접근법은 비자동조정오류를 수정하는 방법으로, 회계오류의 영향을 받는 계정만 분석하여 수정한 후 그 차액을 전기오류수정손익 계정으로 인식한다.
② 당기 이전의 귀속사유에 해당하는 손익 계정은 전기오류수정손익의 계정으로 전기이월 미처분이익잉여금에 직접 반영된다.
③ 기말재고자산의 오류는 당기손익과 같은 방향으로 영향을 미친다.
④ 고의나 과실로 재무상태표 계정을 잘못 분류하는 경우 회계정책의 변경이 필요하다.

08
★☆☆

다음 중 자동조정오류에 해당하지 <u>않는</u> 것은?

① 매출채권 대손충당금 과소계상
② 감가상각비 과소계상
③ 선수수익 과소계상
④ 충당부채 과소계상

09
★★☆

㈜한국은 X1년 말 장부 마감 전에 다음과 같은 오류를 발견하였다.

• X1년 초 기계장치를 취득하면서 취득세 ₩200,000을 수익적지출로 처리
• X1년 초 차량운반구에 대한 일상적인 수선비 ₩420,000을 자본적지출로 처리

이러한 오류가 X1년 말 법인세비용차감전순이익에 미치는 영향은? (단, 기계장치는 30% 정률법으로 상각하고, 차량운반구는 내용연수 3년 정액법으로 상각한다.)

① ₩140,000 과대계상
② ₩140,000 과소계상
③ ₩170,000 과대계상
④ ₩170,000 과소계상

10
★★☆

다음은 ㈜한국이 X2년 말 장부 마감 전에 발견한 오류에 관한 자료이고, 오류수정 전 법인세비용차감전순이익은 ₩2,000,000이다. 이에 따라 ㈜한국이 X2년 말 인식해야 할 오류수정 후 법인세비용차감전순이익은?

• 미지급비용 과소계상	₩180,000
• 미수수익 과소계상	₩200,000
• 기초상품 과소계상	₩370,000
• 기말상품 과대계상	₩130,000

① ₩1,520,000
② ₩1,890,000
③ ₩2,260,000
④ ₩2,300,000

CHAPTER 18

현금흐름표 [1]

01 ★☆☆

다음 중 현금흐름표상 활동의 구분에 대한 설명으로 옳지 <u>않은</u> 것은?

① 현금흐름표는 기업실체의 현금흐름을 영업활동, 투자활동, 재무활동으로 구분하여 보고한다.
② 영업활동으로 인한 현금흐름은 투자활동, 재무활동 이외의 모든 거래를 포함한다.
③ 상각후원가 측정 금융자산의 처분과 관련된 현금의 유입은 재무활동으로 분류된다.
④ 한국채택국제회계기준은 이자와 배당의 활동을 회사가 선택하여 일관성 있게 적용하도록 규정한다.

02 ★☆☆

다음 중 영업활동으로 인한 현금흐름이 <u>아닌</u> 것은?

① 로열티, 수수료, 중개료 및 기타수익에 따른 현금의 유입
② 종업원과 관련하여 직접적으로 발생하는 현금의 유출
③ 단기매매목적으로 보유하는 계약에서 발생하는 현금의 유입
④ 단기매매목적이 아닌 선물계약, 선도계약, 옵션계약 및 스왑계약에 따른 현금의 유출

03 ★☆☆

다음 중 현금흐름표상 이자와 배당의 표시에 대한 설명으로 옳지 <u>않은</u> 것은?

① 금융기관이 지급이자를 비용으로 인식하는 경우 영업활동으로, 자본화하는 경우 투자활동으로 분류된다.
② 일반적으로 금융기관이 배당금을 수취하는 것은 영업활동으로 분류된다.
③ 금융기관이 아닌 경우 배당금을 지급하는 것은 재무활동으로 분류될 수 있다.
④ 금융기관이 아닌 경우 이자를 수취하는 것은 영업활동으로 분류될 수 있다.

정답과 해설 p.68

04
★☆☆

㈜한국의 X1년 현금주의에 의한 영업이익은 ₩200,000이다. X1년 초에 비해 X1년 말의 선수수익은 ₩15,000 증가하였고, 미수수익은 ₩21,000 증가하였다. 이를 이용하여 계산한 ㈜한국의 X1년 발생주의에 의한 영업이익은?

① ₩200,000
② ₩206,000
③ ₩210,000
④ ₩212,000

05
★★☆

다음은 ㈜한국의 X1년 미수이자와 선수임대료의 기초잔액 및 기말잔액에 관한 자료이다. 기중 현금으로 수령한 이자는 ₩10,500이고 수익으로 인식한 임대료는 ₩13,000이다. 이에 대한 설명으로 옳지 않은 것은?

구분	기초잔액	기말잔액
미수이자	₩3,000	₩3,400
선수임대료	₩5,200	₩4,500

① 수익으로 인식된 이자수익은 ₩10,100이다.
② 현금으로 수령한 임대료는 ₩12,300이다.
③ 이자와 임대료로 인한 수익증가액은 ₩23,900이다.
④ 이자와 임대료로 인한 현금 증가액은 ₩22,800이다.

06
★★☆

㈜한국의 X1년 손익계산서에 이자비용 ₩3,000이 계상되어 있고, 현금흐름표에 지급이자 ₩1,800이 계상되어 있다. ㈜한국이 자본화한 이자비용은 없다. X1년 말 선급이자는 전기 말에 비해 ₩500 감소하였다. 전기 말 재무상태표상 미지급이자가 ₩1,000이다. 이를 이용하여 계산한 X1년 말 재무상태표상 미지급이자는?

① ₩1,500
② ₩1,600
③ ₩1,700
④ ₩1,800

07
★☆☆

다음 중 현금흐름표 작성 시 영업에서 창출된 현금흐름을 계산하기 위해 간접법을 사용할 경우 법인세비용차감전순이익에 가산할 항목이 아닌 것은?

① 사채 외화환산손실
② 유형자산 처분이익
③ 감가상각비
④ 상각후원가 측정 금융자산 처분손실

08
★★☆

다음은 ㈜한국의 X1년 영업활동 현금흐름에 영향을 미치는 재무상태표 항목의 변동 사항에 관한 자료이다. 이를 이용하여 계산한 ㈜한국의 X1년 재무상태표상 미지급비용의 증감은? (단, X1년 영업활동 현금흐름은 ₩600,000 증가하였다.)

• 매출채권 감소	₩270,000
• 선수수익 감소	₩210,000
• 선급비용 감소	₩130,000
• 미지급비용	?

① ₩100,000 증가
② ₩100,000 감소
③ ₩410,000 감소
④ ₩410,000 증가

09
★☆☆

㈜한국은 취득원가 ₩100,000의 토지를 X1년 중 현금 ₩170,000에 처분하였다. 또한 X1년 중 새로운 토지를 ₩85,000에 구입하면서 현금 ₩30,000을 지급하고 나머지 ₩55,000은 미지급금으로 계상하였다. 이를 이용하여 계산한 ㈜한국의 X1년 현금흐름표상 투자활동 현금흐름(순액)은?

① ₩40,000
② ₩85,000
③ ₩140,000
④ ₩170,000

10
★☆☆

다음 중 현금흐름표상 재무활동으로 인한 현금흐름에 대한 설명으로 옳지 않은 것은?

① 총액주의에 따라 작성되므로, 총현금유입과 총현금유출로 분리하여 현금흐름표에 별도 공시한다.
② 장기대여금의 회수에 따른 현금의 유입은 재무활동으로 분류될 수 있다.
③ 자기주식 취득에 따른 현금의 유출은 재무활동으로 분류된다.
④ 이자지급에 따른 현금의 유출은 재무활동으로 분류될 수 있다.

CHAPTER 18

현금흐름표 [2]

01 ★☆☆

다음 중 현금흐름표상 재무활동으로 인한 현금흐름이 발생할 수 없는 거래는?

① 주식배당
② 유상증자
③ 사채발행
④ 사채상환

02 ★☆☆

다음 중 현금흐름표상 활동의 구분에 대한 설명으로 옳지 않은 것은?

① 특허권을 일정 기간 사용하도록 하고 수취한 수수료에 대한 현금의 유입은 영업활동으로 분류된다.
② 보험회사의 경우 보험금에 대한 현금의 유출은 재무활동으로 분류된다.
③ 판매 목적으로 보유하고 있는 자산을 추가로 취득하는 데 대한 현금의 유출은 영업활동으로 분류된다.
④ 금융회사의 경우 이자에 대한 현금의 유·출입은 영업활동으로 분류된다.

03 ★☆☆

㈜한국은 소모품 구입 시 자산으로 처리하였다가, 결산일에 사용한 부분에 대하여 당기비용으로 처리하는 방법을 채택하고 있다. X1년 기초와 기말소모품은 각각 ₩120,000, ₩270,000이고 당기에 소모품을 구매하기 위해 현금으로 지급한 금액은 ₩500,000이다. 이에 따라 ㈜한국이 X1년에 포괄손익계산서상 인식해야 할 소모품비는?

① ₩150,000
② ₩270,000
③ ₩300,000
④ ₩350,000

정답과 해설 p.71

04
★★☆

다음은 ㈜한국의 X1년 중 발생한 거래에 관한 자료이다.

> ㄱ. X1년 7월 1일에 만기 1년, 연 이자율 10%의 정기예금에 현금 ₩240,000을 예치하였다. 이자는 만기 시점에 수령한다. (단, 정기예금 예치의 처리는 반영되어 있고, 이자부분에 대한 수정이 누락된 것임)
> ㄴ. 종업원에 대한 급여는 매월 말 지급하고 있으나, 마지막 1개월분의 급여 ₩20,000은 X1년 12월 31일에 지급하지 않고 X2년 1월 5일에 지급하였다.
> ㄷ. X1년 11월 1일부터 6개월 동안 창고를 임대하면서, 6개월 임대료 ₩60,000을 현금으로 수령하여 수익으로 처리하였다.

X1년 중 발생한 거래 및 결산 수정사항을 반영하여 발생기준과 현금기준으로 각각 회계처리한다고 가정한다. 이에 따라 ㈜한국의 X1년 말 당기순이익에 미치는 영향은?

① 발생기준 ₩24,000 증가, 현금기준 ₩60,000 증가
② 발생기준 ₩12,000 감소, 현금기준 ₩60,000 감소
③ 발생기준 ₩12,000 증가, 현금기준 ₩60,000 증가
④ 발생기준 ₩24,000 감소, 현금기준 ₩60,000 감소

05
★☆☆

㈜한국의 X1년 말 포괄손익계산서상 임차료와 이자비용은 각각 ₩130,000, ₩62,000이다. 또한 재무상태표상 잔액은 다음과 같다. 이를 이용하여 계산한 ㈜한국의 X1년 중 현금 지급 임차료 및 이자비용은?

구분	X1년 초	X1년 말
선급임차료	-	₩23,000
미지급이자	₩18,000	-

① 임차료 ₩153,000, 이자비용 ₩44,000
② 임차료 ₩153,000, 이자비용 ₩80,000
③ 임차료 ₩107,000, 이자비용 ₩44,000
④ 임차료 ₩107,000, 이자비용 ₩80,000

06 ★☆☆

㈜한국은 내부보고 목적으로 현금기준에 따라 순이익을 산출한 후 이를 발생기준으로 수정하여 외부에 공시하고 있다. ㈜한국의 현금기준 순이익은 ₩70,000이다. 다음 자료는 ㈜한국의 부분 재무상태표 및 포괄손익계산서이다. 이를 이용하여 계산한 ㈜한국의 발생기준 순이익은? (단, 법인세효과는 무시한다.)

[재무상태표]

구분	기초금액	기말금액
매출채권	₩22,000	₩27,000
매입채무	₩17,000	₩25,000
미수수익	₩12,000	₩10,000

[포괄손익계산서]

구분	당기발생
감가상각비	₩5,000

① ₩60,000
② ₩70,000
③ ₩80,000
④ ₩90,000

07 ★★☆

㈜한국의 X1년 법인세비용차감전순이익은 ₩1,200,000이다. 다음 자료를 이용하여 간접법으로 구한 영업활동 현금흐름은?

• 감가상각비	₩34,000	• 유상증자	₩1,500,000
• 유형자산처분손실	₩18,000	• 건물매입	₩2,000,000
• 사채상환	₩350,000	• 매출채권 증가	₩160,000
• 매입채무 감소	₩130,000	• 재고자산 증가	₩200,000

① ₩750,000
② ₩755,000
③ ₩760,000
④ ₩762,000

08 ★★☆

㈜한국의 X1년 당기순이익은 ₩100,000이고 간접법으로 구한 영업활동 현금흐름은 ₩30,000이다. 이에 따라 다음 자료에 추가로 조정해야 할 사항으로 옳은 것은?

• 매출채권 증가	₩40,000
• 매입채무 증가	₩10,000
• 선급비용 감소	₩12,000
• 선수수익 감소	₩10,000
• 감가상각비 발생	₩17,000

① 미수임대료 ₩100,000 감소
② 미수임대료 ₩59,000 증가
③ 미지급급여 ₩59,000 증가
④ 미지급급여 ₩100,000 감소

09 ★★☆

㈜한국의 X1년 당기순이익은 ₩20,000이다. 다음 자료를 이용하여 간접법으로 구한 영업활동 현금흐름은?

- 당기 감가상각비는 ₩1,000이다.
- 전기 말보다 당기 말에 재고자산이 ₩2,500 증가하였다.
- 전기 말보다 당기 말에 미지급보험료가 ₩1,200 감소하였다.
- 당기에 취득원가가 ₩5,000인 건물(감가상각누계액 ₩4,000)을 현금 ₩1,500에 매각하였다.

① ₩13,000
② ₩14,800
③ ₩15,000
④ ₩16,800

10 ★☆☆

㈜한국은 X1년 중 취득원가 ₩50,000인 토지를 현금 ₩27,000에 처분하면서 그 대금을 1년 후에 수령하기로 하였다. 또한 취득원가 ₩100,000, 감가상각누계액 ₩65,000인 건물을 현금 ₩40,000에 처분하였다. 이를 이용하여 계산한 ㈜한국의 X1년 현금흐름표상 투자활동 현금흐름(순액)은?

① ₩150,000
② ₩67,000
③ ₩40,000
④ ₩27,000

CHAPTER 18

현금흐름표 [3]

01 ★☆☆

다음 중 투자활동으로 인한 현금 흐름이 아닌 것은?

① 대여금의 회수
② 유가증권의 취득
③ 금융상품의 처분
④ 차입금의 상환

02 ★☆☆

다음 중 발생기준회계와 현금기준회계에 대한 설명으로 옳지 않은 것은?

① 계정증감분석법으로 산출된 현금흐름은 현금기준에서의 수익과 비용의 잔액이다.
② 현금주의 관점에서 미수이자수익은 현금의 유입이 있으므로 수익으로 인식한다.
③ 현금주의에서는 현금의 유입을 수익, 현금의 유출을 비용으로 간주한다.
④ 발생주의 관점에서 선수금은 현금이 유입되었으나 반대급부의 이행이 수반되지 않아 수익으로 인식하지 않는다.

03 ★★★

㈜한국은 매달 말일에 결산을 하고 재무제표를 작성한다. 다음은 X1년 4월에 이루어진 거래에 관한 자료이다. 이를 이용하여 계산한 ㈜한국의 X1년 4월 발생기준 순이익과 현금기준 순이익의 차는?

- X1년 4월 3일: 상품 ₩300,000을 판매하면서 현금으로 ₩210,000을 수취하고 나머지 ₩90,000은 5월에 받기로 하였다.
- X1년 4월 6일: 상품 ₩120,000을 구입하면서 현금으로 ₩100,000을 지급하고 나머지 ₩20,000은 5월에 주기로 하였다.
  (X1년 4월 기초상품재고 ₩40,000, X1년 4월 기말상품재고 ₩15,000)
- X1년 4월 25일: 종업원급여 ₩15,000이 발생하였으나 결산일 현재 ₩12,500만 지급하였다.

① ₩42,500
② ₩40,000
③ ₩37,500
④ ₩35,000

정답과 해설 p.75

04
★☆☆

㈜한국의 X1년 초 선수금과 매출채권 잔액은 각각 ₩15,000, ₩22,000이고, X1년 말 선수금과 매출채권 잔액은 각각 ₩32,000, ₩40,000이다. X1년 중 현금수입액은 ₩200,000이다. 이를 이용하여 계산한 ㈜한국의 X1년 매출액은?

① ₩200,000
② ₩201,000
③ ₩202,000
④ ₩203,000

05
★☆☆

㈜한국의 X1년 포괄손익계산서상 이자비용은 ₩10,000이다. X1년 초 미지급이자와 선급이자는 각각 ₩1,500, ₩2,000이고, X1년 말 미지급이자와 선급이자는 ₩4,000, ₩600이다. 이를 이용하여 계산한 ㈜한국의 X1년 이자비용의 현금지급액은?

① ₩6,100
② ₩7,200
③ ₩8,300
④ ₩9,400

06
★★☆

㈜한국의 X1년 당기순이익은 ₩1,000,000이고, 감가상각비 ₩28,000, 유형자산처분이익 ₩80,000이 포함되어 있다. 다음은 영업활동 관련 자산과 부채의 기중 변동금액에 관한 자료이다. 이를 이용하여 계산한 ㈜한국의 X1년 영업활동 현금흐름은?

• 매출채권	₩14,000 증가
• 매입채무	₩10,000 증가
• 선급비용	₩30,000 감소
• 미지급비용	₩23,000 감소

① ₩900,000
② ₩921,000
③ ₩930,000
④ ₩951,000

07 ★★☆

㈜한국의 X1년 재무정보는 다름과 같다. 이를 이용하여 계산한 ㈜한국의 X1년 당기순이익은? (단, X1년 영업활동 현금흐름은 ₩500,000이다.)

• 대손상각비	₩20,000 발생
• 매출채권(장부금액)	₩130,000 증가
• 감가상각비	₩220,000 발생
• 재고자산평가손실	₩110,000 발생
• 재고자산(장부금액)	₩50,000 감소
• 유형자산처분이익	₩310,000 발생

① ₩710,000
② ₩690,000
③ ₩680,000
④ ₩670,000

08 ★★☆

다음은 ㈜한국의 X1년 비교 재무상태표의 일부이다. (주)한국은 X1년 중에 취득원가 ₩100,000의 기계장치(감가상각누계액 ₩78,000)를 현금 ₩20,000에 매각하였다. 이에 따라 ㈜한국이 투자활동으로 인한 현금흐름은? (단, ㈜한국은 기계장치 외에는 투자활동 관련 자산이 없음을 가정함)

구분	X1년 초	X1년 말
기계장치	₩200,000	₩315,000
감가누계액	₩90,000	₩40,000

① ₩180,000
② ₩195,000
③ ₩205,000
④ ₩215,000

09 ★★☆

다음은 ㈜한국의 X1년 비교 재무상태표의 일부이다. ㈜한국은 X1년 중에 취득원가 ₩50,000의 차량운반구(감가상각누계액 ₩38,000)를 현금 ₩10,000에 처분하였다. 모든 유형자산의 취득 및 처분거래는 현금거래이고, 항상 원가모형을 적용한다고 가정한다. 이를 이용하여 계산한 ㈜한국의 X1년 유형자산 관련 투자활동 현금유출액은 얼마인가?

구분	X1년 초	X1년 말
차량운반구	₩210,000	₩240,000
누계액	₩50,000	₩40,000

① ₩10,000
② ₩70,000
③ ₩80,000
④ ₩90,000

10 ★☆☆

다음 중 일반적으로 재무활동으로 분류될 가능성이 가장 높은 것은?

① 배당수입
② 배당지급
③ 이자수입
④ 이자지급

CHAPTER 18

현금흐름표 [4]

01 ★☆☆

다음 중 재무활동으로 인한 현금흐름이 아닌 것은?

① 배당금의 지급
② 자기주식 처분
③ 대여금 회수
④ 사채 상환

02 ★☆☆

다음 중 현금흐름표에 대한 설명으로 옳지 않은 것은?

① 투자활동과 재무활동은 직접 현금의 유·출입을 표시하는 방식으로 작성한다.
② 간접법에 따라 영업활동 현금흐름을 작성하는 경우 감가상각비는 당기손익에 차감하여 표시한다.
③ 직접법과 간접법은 결론적으로 현금흐름이 동일하다.
④ 영업활동은 직접법과 간접법의 두 가지 방법 중 하나를 선택하여 표시할 수 있다.

03 ★☆☆

㈜한국의 X1년 3월 현금주의에 의한 순이익은 ₩300,000이다. 다음은 ㈜한국의 X1년 3월 중 재무정보이다. 이를 이용하여 계산한 ㈜한국의 X1년 3월 발생주의에 의한 순이익은?

구분	X1년 3월 1일	X1년 3월 31일
미수수익	₩50,000	₩43,000
선수수익	₩63,000	₩57,500
미지급비용	₩23,000	₩30,000
선급비용	₩21,000	₩43,000

① ₩320,000
② ₩313,500
③ ₩310,000
④ ₩300,500

정답과 해설 p.78

04
★☆☆

㈜한국은 포괄손익계산서를 현금주의회계에 의해 작성하였으나 발생주의회계로 전환하려고 한다. 현금주의회계에 의한 X1년 수익은 ₩2,800,000이다. ㈜한국의 기초매출채권은 ₩300,000, 기말매출채권은 ₩780,000이고, 선수수익은 ₩60,000 증가하였다. 이에 따라 ㈜한국이 인식해야 할 발생주의회계에 따른 X1년 수익은?

① ₩2,920,000
② ₩3,020,000
③ ₩3,120,000
④ ₩3,220,000

05
★☆☆

㈜한국의 X1년 기초와 기말재고자산은 각각 ₩100,000과 ₩210,000이고, 기초와 기말매입채무는 각각 ₩40,000과 ₩78,000이다. 또한 ㈜한국의 X1년 재고자산 매입으로 인한 현금유출액이 ₩230,000이다. 이를 이용하여 계산한 ㈜한국의 X1년 매출원가는? (단, 재고자산의 감모 및 평가손실은 없다.)

① ₩158,000
② ₩150,000
③ ₩135,000
④ ₩130,000

06
★☆☆

다음은 ㈜한국의 X1년 11월에 발생한 거래이다.

- 상품 ₩100,000을 외상으로 매입하다.
- 원가 ₩100,000의 상품을 ₩140,000에 외상으로 판매하다.

㈜한국은 X1년 12월에 상품 판매대금 일부(₩50,000)를 회수하였고, 상품 매입대금 일부(₩65,000)를 지급하였다. 이를 이용하여 계산한 ㈜한국의 현금기준에 의한 X1년 순현금유출액과 발생기준에 의한 X1년 순이익은?

① 순현금유출 ₩65,000, 순이익 ₩0
② 순현금유출 ₩65,000, 순이익 ₩40,000
③ 순현금유출 ₩15,000, 순이익 ₩0
④ 순현금유출 ₩15,000, 순이익 ₩40,000

07 ★★☆

다음은 ㈜한국의 X1년 비교 재무상태표와 포괄손익계산서 항목이다. 이를 이용하여 계산한 ㈜한국의 X1년 영업활동으로 인한 현금흐름은?

재무상태표		
구분	기초금액	기말금액
매출채권	₩550,000	₩610,000
선급보험료	₩40,000	₩20,000
매입채무	₩370,000	₩450,000
장기차입금	₩800,000	₩830,000

포괄손익계산서	
구분	당기발생
당기순이익	₩300,000
건물처분손실	₩140,000
감가상각비	₩220,000
토지처분이익	₩30,000

① ₩680,000
② ₩670,000
③ ₩660,000
④ ₩650,000

08 ★☆☆

다음 자료를 바탕으로 ㈜한국이 X1년 현금흐름표상 표시해야 할 영업활동 현금흐름은? (단, ㈜한국의 X1년 당기순이익은 ₩200,000이다.)

• 감가상각비	₩10,000
• 유상증자	₩120,000
• 유형자산처분이익	₩25,000
• 매입채무의 증가	₩60,000
• 사채의 상환	₩73,000
• 매출채권의 증가	₩85,000

① ₩160,000
② ₩163,000
③ ₩165,000
④ ₩168,000

09 ★★☆

다음은 ㈜한국의 X1년 재무정보이다. ㈜한국의 X1년 당기순이익은 ₩180,000이다. 이를 이용하여 계산한 ㈜한국의 X1년 영업활동으로 인한 현금 유입액은?

• 감가상각비	₩30,000
• 매출채권의 증가	₩24,000
• 사채할인발행차금 상각액	₩30,000
• 재고자산의 감소	₩27,000
• 유형자산처분손실	₩17,000
• 매입채무의 감소	₩8,000

① ₩260,000
② ₩255,000
③ ₩252,000
④ ₩250,000

10 ★☆☆

다음 중 현금흐름표 작성 시 영업에서 창출된 현금흐름을 계산하기 위해 간접법을 사용할 경우 법인세비용차감전순이익에 차감할 항목이 아닌 것은?

① 이자수익
② 사채상환이익
③ 기계처분이익
④ 이자비용

CHAPTER 19

주당이익

01

★☆☆

다음 중 주당이익에 대한 설명으로 옳지 않은 것은?

① 기업이 취득한 자기주식은 다시 발행될 때까지만 가중평균유통보통주식수에 포함된다.
② 잠재적 보통주는 보통주를 받을 수 있는 권리가 부여된 금융상품이나 계약 등을 의미한다.
③ 기본주당이익을 계산하기 위한 보통주식수는 가중평균유통보통주식수를 기준으로 한다.
④ 공정가치 미만의 유상증자는 유상증자와 무상증자를 구분하여 그 효과를 반영해주어야 한다.

02

★☆☆

다음 중 희석주당이익을 산정할 때, 잠재적 보통주에 해당하지 않는 것은?

① 신주인수권
② 주식선택권
③ 상환우선주
④ 전환우선주

03

★☆☆

다음 중 주당이익에 대한 설명으로 옳은 것은?

① 공정가치 미만의 유상증자 시 발행주식수 전체를 기초 시점으로 소급하여 가중평균한다.
② 기본주당이익과 희석주당이익은 반드시 공시하여야 한다.
③ 무상증자는 무상증자 선언일을 기준으로 하여 보통주식수를 비례적으로 조정한다.
④ 희석주당이익은 모든 잠재적 보통주가 전환된 것으로 가정한다.

정답과 해설 p.82

04 ★☆☆

㈜한국의 X1년 1월 1일 유통 보통주식수는 1,000주이다. ㈜한국은 X1년 4월 1일 무상증자를 실시하여 3,000주를 발행하였고, 10월 1일에는 공정가치로 유상증자를 실시하여 1,200주를 발행하였다. 이에 따라 ㈜한국이 X1년 기본주당이익 계산 시 필요한 가중평균유통보통주식수는?

① 300주
② 1,300주
③ 3,550주
④ 4,300주

05 ★★☆

㈜한국의 X1년 1월 1일 유통 보통주식수는 10,000주이다. ㈜한국은 X1년 3월 1일 20%의 주식배당을 실시하였고, 7월 1일에는 공정가치로 유상증자를 실시하여 20,000주를 발행하였다. 또한 X1년 9월 1일에 10%의 무상증자를 실시하였다. 이에 따라 ㈜한국이 X1년 기본주당이익 계산 시 필요한 가중평균유통보통주식수는?

① 23,000주
② 23,500주
③ 24,000주
④ 24,200주

06 ★☆☆

다음은 ㈜한국의 X2년 발행 주식 관련 자료이다. 이를 이용하여 계산한 ㈜한국의 X2년 기본주당이익은?

• 가중평균유통보통주식수	10,000주
• X2년 당기순이익	₩12,500,000
• X1년 우선주 2,000주 발행(배당률 10%, 액면금액 ₩100)	

① ₩1,250
② ₩1,248
③ ₩1,246
④ ₩1,244

07
★★☆

㈜한국의 X1년 1월 1일 유통 보통주식수는 1,000주(액면금액 ₩100)이다. ㈜한국은 X1년 3월 1일 20%의 주식배당을 실시하였고, 7월 1일에는 공정가치로 유상증자를 실시하여 1,600주를 발행하였다. 다음은 ㈜한국이 발행한 주식 관련 정보이다. 이를 이용하여 계산한 ㈜한국의 X1년 기본주당이익은?

- X2년 당기순이익 ₩1,000,000
- X1년 우선주 1,000주 발행(배당률 10%, 액면금액 ₩100)

① ₩485
② ₩490
③ ₩495
④ ₩500

08
★☆☆

다음은 ㈜한국의 X1년 발행주식수 변동 상황에 관한 자료이다. ㈜한국의 X1년 당기순이익은 ₩3,000,000이다. 이를 이용하여 계산한 ㈜한국의 X1년 기본주당이익은?

일자	내역	발행주식수
X1년 1월 1일	기초	10,000주
X1년 5월 1일	무상증자	3,000주
X1년 10월 1일	유상증자	8,000주
X1년 12월 31일	기말	21,000주

① ₩204
② ₩203
③ ₩201
④ ₩200

09 ★★★

다음은 ㈜한국의 X1년 발행주식수 변동 상황에 관한 자료이다. X1년 9월 1일의 보통주식의 유상증자는 주주우선 배정방식을 따르고, 공정가치 미만으로 실시되었다. 유상증자 직전 주당 공정가치는 ₩160이고, 실제 주당 발행가격은 ₩80이다. 이를 이용하여 계산한 ㈜한국의 X1년 가중평균유통보통주식수는?

일자	내역	발행주식수
X1년 1월 1일	기초	9,500주
X1년 9월 1일	유상증자	1,000주
X1년 12월 31일	기말	10,500주

① 10,150주
② 10,100주
③ 10,050주
④ 10,000주

10 ★★☆

㈜한국의 주식은 시장에서 주당 ₩2,000에 거래되고 있다. 다음 자료는 ㈜한국의 재무정보이다. 이를 이용하여 계산한 ㈜한국의 가중평균유통보통주식수는?

• 주가수익률(PER = 주가/주당이익)	5(500%)
• 당기순이익	₩100,000

① 260주
② 250주
③ 240주
④ 230주

CHAPTER 20

재무비율 [1]

01 ★☆☆

㈜한국의 X1년 초 재고자산은 ₩32,000, 당기매입액은 ₩70,000이다. ㈜한국의 X1년 말 유동비율은 130%, 당좌비율은 80%, 유동부채는 ₩50,000이다. 이를 이용하여 계산한 ㈜한국의 X1년 매출원가는? (단, 재고자산은 상품으로만 구성되어 있다.)

① ₩74,000
② ₩75,600
③ ₩77,000
④ ₩80,000

02 ★★☆

유동비율이 150%일 때, 다음 중 유동비율을 감소시키는 거래인 것은?

① 매입채무의 지급
② 상품의 외상매입
③ 매출채권의 회수
④ 장기대여금의 회수

03 ★☆☆

다음은 ㈜한국의 재무제표에 포함된 계정 과목에 대한 자료이다.

• 매입채무	₩10,000	• 지급어음 B	₩10,000
• 지급어음 A	₩10,000	• 미지급이자	₩10,000
• 감가상각누계액	₩10,000	• 이자비용	₩10,000
• 미지급급여	₩10,000	• 광고비	₩10,000
• 급여	₩10,000	• 장기차입금	₩10,000

지급어음 A의 만기는 1개월이고, 지급어음 B의 만기는 3년이다. 유동자산의 총액은 ₩200,000이다. 이를 이용하여 계산한 ㈜한국의 유동비율은?

① 2.5
② 3.75
③ 4.5
④ 5

정답과 해설 p.84

04

★★☆

다음은 ㈜한국의 X1년 기말재무상태표의 유동자산과 유동부채에 관한 자료이다. ㈜한국의 X1년 기말 당좌비율이 130%이고, 유동비율은 200%이다. 또한 매출원가가 ₩7,300,000, 당기매입액이 ₩2,200,000이다. 이를 이용하여 계산한 ㈜한국의 X1년 기초재고자산은?

재무상태표

차변		대변	
당좌자산	₩1,300,000	유동부채	?
재고자산	?		

① ₩5,800,000
② ₩5,000,000
③ ₩4,500,000
④ ₩4,200,000

05

★★☆

다음은 ㈜한국의 X1년 재무정보이다. 이를 이용하여 계산한 ㈜한국의 X1년 자기자본순이익률(ROE = 당기순이익/자기자본)은? (단, 기타포괄손익은 없다고 가정한다.)

• 평균자산총액(기초와 기말 금액이 동일함)	₩10,000
• 매출액순이익률	20%
• 총자산회전율	0.5
• 부채비율	300%

① 40%
② 30%
③ 25%
④ 20%

06
★★☆

㈜한국의 매출채권회전율은 10회, 재고자산회전율은 15회이다. 다음은 ㈜한국의 비교 재무상태표 일부에 관한 자료이다. 이를 이용하여 계산한 ㈜한국의 매출총이익은? (단, 재고자산 회전율은 매출원가를 기준으로 한다.)

과목	기초	기말
매출채권	₩11,000	₩34,000
재고자산	₩2,000	₩2,200

① ₩200,000
② ₩193,500
③ ₩191,000
④ ₩182,500

07
★☆☆

기초매출채권 잔액이 ₩1,000이고, 기말매출채권 잔액이 ₩2,000이다. 매출채권 평균 회수기간은 72일이다. 이를 이용하여 계산한 당기매출액은? (단, 1년은 360일이라고 가정한다.)

① ₩8,500
② ₩8,000
③ ₩7,500
④ ₩7,000

08
★☆☆

㈜한국의 당기매출액은 ₩24,000,000이고, 재고자산회전율은 10회이다. 또한 ㈜한국의 기말유동부채는 ₩2,000,000, 유동비율은 200%, 당좌비율은 100%이다. 이를 이용하여 계산한 ㈜한국의 당기매출총이익은? (단, 재고자산회전율은 기말재고자산과 매출원가를 기준으로 한다.)

① ₩4,060,000
② ₩4,040,000
③ ₩4,020,000
④ ₩4,000,000

09
★★☆

다음 자료는 ㈜한국의 재무정보이다. 이에 대한 설명으로 옳은 것은? (단, 당기 중 유통주식수의 변화는 없다.)

• 매출액	₩2,500,000
• 순이익	₩1,000,000
• 총자산순이익률	20%
• 발행주식수	10,000주
• 자기주식수	2,000주

① 주당순이익은 ₩125이다.
② 유통주식수는 12,000주이다.
③ 평균총자산은 ₩200,000이다.
④ 총자산회전율은 12.5이다.

10
★☆☆

다음은 ㈜한국의 외상거래에 관한 자료이다. 이에 따라 ㈜한국의 X2년 재무제표에 미치는 영향으로 옳지 않은 것은?

> ㈜한국은 X1년 5월 3일 계약금 명목으로 거래처로부터 ₩10,000을 수령하고, X2년 3월 2일 원가 ₩32,000인 제품을 ₩80,000에 외상으로 판매하였다. 외상대금 ₩70,000은 X3년 12월 1일에 회수할 예정이다. (단, 재고자산은 계속기록법을 적용한다.)

① 수익의 증가
② 비유동자산의 증가
③ 순유동자산의 증가
④ 선수금의 감소

CHAPTER 20

재무비율 [2]

01 ★☆☆

㈜한국은 거래처에서 수령한 받을 어음을 담보로 은행에서 어음금액을 어음기간 동안 단기로 차입하였다. 이러한 거래 이전에 ㈜한국의 유동비율은 100%, 부채비율은 150%이다. 이에 대한 설명으로 옳은 것은?

① 유동비율은 감소하고, 부채비율은 증가한다.
② 유동비율은 증가하고, 부채비율은 증가한다.
③ 유동비율은 변함없고, 부채비율은 감소한다.
④ 유동비율은 변함없고, 부채비율은 증가한다.

02 ★☆☆

다음 자료를 이용하여 계산한 순이익은?

• 평균자산총액	₩3,000,000
• 매출액순이익률	20%
• 총자산회전율(평균자산총액 기준)	5회

① ₩5,000,000
② ₩4,000,000
③ ₩3,000,000
④ ₩2,000,000

03 ★★☆

㈜한국의 기초재고자산과 기말재고자산은 모두 ₩1,000이다. 또한 유동부채는 ₩1,200, 매출총이익은 ₩10,000, 유동비율은 200%, 매출총이익률은 80%이다. 이를 이용하여 계산한 재고자산회전율은? (단, 재고자산회전율은 매출원가를 기준으로 한다.)

① 3.5회
② 2.5회
③ 1.5회
④ 0.5회

정답과 해설 p.86

04 ★☆☆

기말재고자산은 그 평가 방법에 따라 금액이 달라질 수 있다. 이와 같은 재고자산의 평가 방법에 의하여 영향을 받지 않는 재무비율은?

① 이자보상비율
② 당좌비율
③ 유동비율
④ 부채비율

05 ★☆☆

다음 자료를 이용하여 계산한 재고자산회전율은? (단, 재고자산회전율 및 매입채무회전율의 분모 계산 시 기초와 기말의 평균값을 이용한다.)

• 기초재고자산	₩500,000
• 기말재고자산	₩300,000
• 기초매입채무	₩250,000
• 기말매입채무	₩150,000
• 매입채무회전율	4회

① 4.5회
② 3.5회
③ 2.5회
④ 1.5회

06 ★☆☆

기초 및 기말재고자산이 각각 ₩54,000, ₩30,000이고, 당기매출총이익이 ₩60,000이다. 또한 당기 재고자산회전율은 0.5회이다. 이를 이용하여 계산한 당기매출액은? (단, 재고자산회전율 계산 시 평균금액을 사용한다.)

① ₩81,000
② ₩80,000
③ ₩79,000
④ ₩78,000

07 ★☆☆

다음 중 재무비율에 대한 설명으로 옳지 않은 것은?

① 총자산이익률은 매출액순이익률과 총자산회전율의 곱으로 표현할 수 있다.

② 유동성비율은 기업의 단기지급능력을 분석하는 데 사용되며, 유동비율, 당좌비율 등이 주요 지표이다.

③ 이자보상비율은 기업의 이자지급능력을 분석하는 데 사용되며, 그 비율이 낮을수록 지급 능력이 부실하다고 판단할 수 있다.

④ 영업활동의 수익성을 분석하는 주요 재무비율로 자기자본이익률과 이자보상비율이 있다.

08 ★★★

유동자산은 ₩1,000,000, 유동비율은 250%, 당좌비율은 ₩120%, 매출원가 기준 재고자산회전율은 5회, 매출총이익률은 80%이다. 이를 이용하여 계산한 매출액은?

① ₩13,000,000

② ₩12,100,000

③ ₩11,000,000

④ ₩10,500,000

09 ★★☆

착오로 인해 재무상태표상 기말재고자산 금액이 과소계상되었다. 이때, 이러한 오류가 존재하는 경우(A)와 존재하지 않는 경우(B)의 유동비율 및 매출총이익률을 각각 비교한 것으로 옳은 것은?

	유동비율	매출총이익률
①	A > B	A < B
②	A < B	A < B
③	A < B	A = B
④	A > B	A > B

10

★☆☆

다음 중 재무비율에 대한 설명으로 옳지 않은 것은?

① 유동비율이 전기에 비해 감소했다면 회사의 단기지급능력이 개선되었다고 판단하기 어렵다.

② 재고자산의 평균회전기간이 전기에 비해 증가했다면 재고자산의 판매 속도가 느려졌다고 판단할 수 있다.

③ 매출채권회전율이 전기에 비해 감소했다면 매출채권이 현금화되는 속도가 빨라졌다고 판단할 수 있다.

④ 부채비율이 전기에 비해 감소했다면 재무건전도가 양호해졌다고 판단할 수 있다.

오정화
회계학

오정화
회계학

오정화
회계학

오정화
회계학

오정화
회계학

오정화 회계학

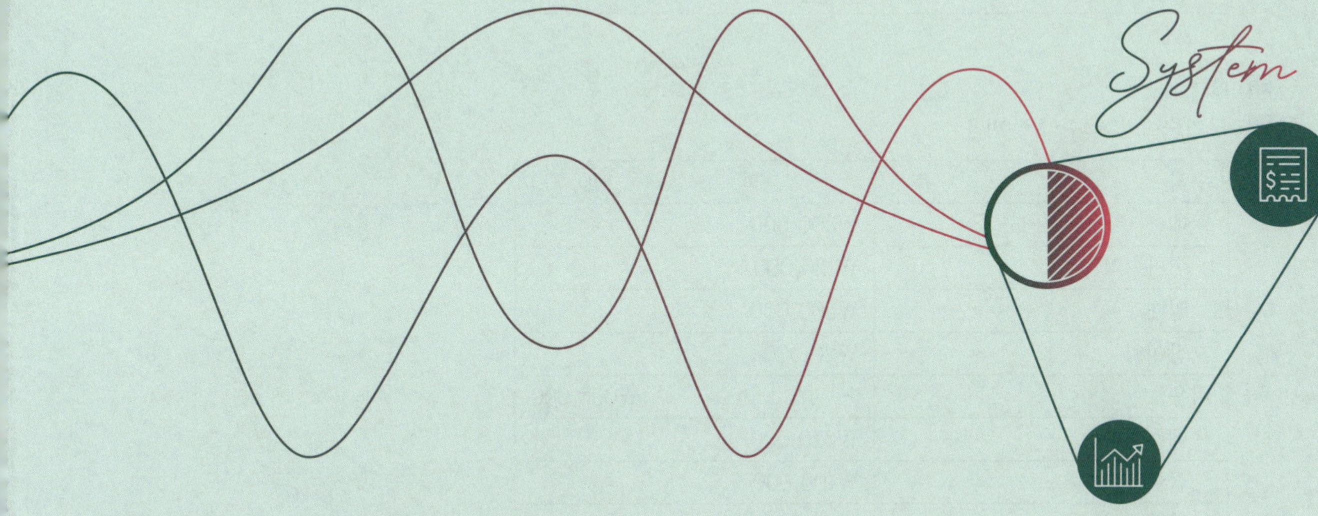

매일회계

정답과 해설

넥스트스터디

정답과 해설

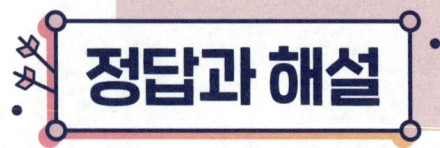

CHAPTER 01	회계의 기초	본문 p.8

01 ①	02 ④	03 ②	04 ③	05 ③	06 ③	07 ④	08 ①	09 ②	10 ④

01 정답 ①

해설 ② 외부정보이용자는 내부정보이용자와 달리 **제한적인** 회계정보만을 수집할 수 있다.
③ 외부정보이용자에게 전달되는 회계정보는 **기업회계기준을 엄격히 준수하여 작성되어야 한다.**
④ **내부정보이용자에 대한 보고수단으로서** 특수목적 보고서를 작성한다.

02 정답 ④

해설 ④ **비상장기업이 한국채택국제회계기준을 적용하기로 선택한 경우 이를 인정한다.**

03 정답 ②

해설

보통예금, 선급금, 매출채권, 현금	자산
미지급금, 선수금	부채
자본금, 이익잉여금	자본

04 정답 ③

해설 당기순이익 = 수익 - 비용

수익	₩1,140,000
매출	₩800,000
이자수익	₩120,000
임대료	₩200,000
잡이익	₩20,000
비용	₩600,000
매출원가	₩320,000
급여	₩100,000
광고선전비	₩50,000
법인세비용	₩130,000
당기순이익	₩540,000

05 정답 ③

해설 **선급이자와 미지급급여는 재무상태표상 자산 및 부채항목이므로 손익계산에 포함하지 않는다.**

수익		₩630,000
매출	₩500,000	
임대료	₩130,000	
비용		₩400,000
매출원가	₩180,000	
감가상각비	₩20,000	
임차료	₩200,000	
법인세비용차감전당기순이익		₩230,000
법인세비용	≪₩50,000≫	
당기순이익		₩180,000

06 정답 ③

해설 **당기 중에 추가적인 자본출자 및 자본거래가 없으므로** 이익잉여금의 증감은 모두 당기순이익에 해당한다.

07 정답 ④

해설 ① 현금흐름표는 영업활동, 투자활동, **재무활동**으로 구분된다.

② 현금흐름표는 **당해 회계기간에 속하는 현금의 유출입을 각 활동별로 보고하는 재무제표**이다.

③ 영업활동은 **주된 수익활동 및 투자활동, 재무활동 이외의 거래를 모두 포함**한다.

08 정답 ①

해설 상장기업이더라도 각 기업은 상법상 규정에 따라 **1년 이내 범위에서 회계기간을 다르게 설정할 수 있다.**

09 정답 ②

해설 외부감사인의 재무제표에 대한 감사의견은 **재무제표 작성 시 기업회계기준 적용의 적정성에 대한 판단**이다.

10 정답 ④

해설 감사인은 감사의견의 근거가 되는 충분하고 적합한 감사증거를 입수할 수 없으며, 해당 사항이 재무제표에 미칠 수 있는 영향이 중요하고 전반적인 경우, **의견거절**을 하여야 한다.

CHAPTER 02	복식부기와 거래의 기록	본문 p.12

01 ③	02 ④	03 ②	04 ④	05 ①	06 ②	07 ③	08 ①	09 ②	10 ④

01

정답 ③

해설 ㄱ. 단순 주문은 재산상의 변화를 초래하지 않으므로 회계상 거래가 아니다.
ㄴ. 자산(현금)과 자본(자본금)이 증가하며 그 금액이 측정 가능하므로 회계상 거래이다.
ㄷ. 단순 계약은 재산상의 변화를 초래하지 않으므로 회계상 거래가 아니다.
ㄹ. 자산(제품)과 자본(이익잉여금)이 감소하며 그 금액이 측정 가능하므로 회계상 거래이다.
손익계산서 계정(수익 및 비용)은 이익잉여금의 형태로 자본에 포함된다.

02

정답 ④

해설 ① 자산(현금) 증가, 자본(이익잉여금) 증가
② 자산(기계장치) 증가, 부채(미지급금) 증가
③ 자산(현금) 증가, 자본(자본금) 증가
④ 자산(건물) 감소, 자산(미수금) 증가

03

정답 ②

해설 주어진 네 개의 계정을 문제에 하나씩 대입해보고, 옳지 않은 계정은 소거하는 방식으로 접근한다.

4월 5일	(차) 매입채무	XXX	(대) 현금	XXX
4월 10일	(차) 상품	XXX	(대) 매입채무	XXX
4월 15일	(차) 매입채무	XXX	(대) 상품	XXX

04

정답 ④

해설 ㈜한라의 X1년 거래 내역을 분개하면 아래와 같다.

1월 5일	(차) 소모품	₩10,000	**(대) 미지급금**	**₩10,000**
*전액 자산으로 처리함을 가정				
4월 9일	(차) 매출채권	₩42,000	(대) 매출	₩42,000
6월 15일	**(차) 미지급금**	**₩10,000**	(대) 현금	₩10,000
7월 21일		회계상 거래가 아님		
7월 25일	(차) 교육훈련비	₩5,000	**(대) 미지급금**	**₩5,000**

05

정답 ①

해설 이익잉여금(자본), 임대료(수익), 선수금(부채)은 시산표상 **대변**에 나타난다.

06

정답 ②

해설 **모든 거래가 외상으로 이루어지므로** 합계시산표상 매출채권의 차변합계에서 기초매출채권을 제외한 만큼이 당기매출액이다.

07 정답 ③

해설 대차평균의 원리는 회계상 거래가 기록될 때 차변합계와 대변합계가 항상 일치한다는 내용이다.

08 정답 ①

해설 주어진 일자에 발생한 모든 거래를 계정별로 적절히 대응시킨다.

3월 25일	(차) 이자비용	₩5,000	(대) 현금	₩5,000
	(차) 매입채무	₩22,500	(대) 현금	₩22,500

09 정답 ②

해설 **감가상각비는 유형자산의 가치감소분을 반영하는 비용항목으로, 실제 현금이 유출되지 않는다.**

10 정답 ④

해설 대여금과 기계장치는 자산계정으로, 시산표상 그 잔액을 모두 차변에 기록하기 때문에 **발견할 수 없는 오류**이다.

CHAPTER 03 회계의 순환과정

본문 p.16

01 ④	02 ③	03 ④	04 ③	05 ①	06 ②	07 ④	08 ④	09 ②	10 ②

01 정답 ④

해설 기말수정분개는 기업이 기중에 **총계정원장**에 전기한 내용을 **발생주의** 회계로 수정하는 분개이다.

02 정답 ③

해설 ① 선급비용의 인식 : 자산증가, 비용감소 → 당기순이익 증가

② 미수수익의 인식 : 자산증가, 수익증가 → 당기순이익 증가

③ 감가상각비 인식 : 자산감소, 비용증가 → 당기순이익 감소

④ 미사용 소모품의 인식 : 자산증가, 비용감소 → 당기순이익 증가

03 정답 ④

해설 매출원가는 **수정전시산표와 수정후시산표의 차이 ₩5,000만큼 조정**되어야 한다.

(차) 매출원가	₩1,500	(대) 상품(기초)	₩1,500
(차) 매출원가	₩6,000	(대) 매입	₩6,000
(차) 상품(기말)	₩2,500	(대) 매출원가	₩2,500

↓

(차) 매출원가	₩5,000	(대) 매입	₩6,000
(차) 상품	₩1,000		

04 정답 ③

해설 당기 중 소모품 사용분(₩100,000 - ₩25,000)에 대한 비용을 인식하면서 자산을 차감 조정해야 한다.

(차) 소모품비	₩75,000	(대) 소모품	₩75,000

이러한 회계처리가 누락된 경우 자산은 과대계상, 비용은 과소계상 되어 당기순이익이 과대계상 된다.

05 정답 ①

해설 발생주의 원칙에 따라 당기 중에 토지를 임대한 사실이 발생한 부분(7개월)에 대해서만 수익을 인식해야 한다. 즉, 나머지 5개월분에 대한 수익을 차감 조정하면서 부채를 인식해야 한다.

(차) 임대료	₩50,000	(대) 선수임대료	₩50,000

이러한 회계처리가 누락된 경우 부채는 과소계상, 수익은 과대계상 되어 당기순이익이 과대계상 된다.

06 정답 ②

해설 (1) 미사용 소모품의 인식 : **자산 ₩200,000 증가,** 비용 ₩200,000 감소

(2) 보험료의 인식 : 자산 ₩8,000 감소**(선급보험료 잔액 ₩16,000)**, 비용 ₩8,000 증가

(3) 수익의 인식 : 부채 ₩20,000 감소(선수수익 잔액 ₩40,000), 수익 ₩20,000 증가

07 정답 ④

해설 (1) 미수수익(수익 증가)과 선급비용(비용 감소)의 인식 : 당기순이익 증가 ₩450

(2) 선수수익(수익 감소)과 미지급비용(비용 증가)의 인식 : 당기순이익 감소 (₩350)

당기순이익 증가 ₩100

08 정답 ④

해설 **선급임차료는 재무상태표 계정(자산항목)**이기 때문에 집합손익계정으로 집합되지 않는다.

09 정답 ②

해설 **미수이자는 재무상태표 계정(자산항목)**이기 때문에 집합손익계정으로 집합되지 않는다.

10 정답 ②

해설 장래에 용역을 제공하기로 하고 대금을 미리 받은 경우 이를 **선수금(부채항목)으로 인식**한다. 한편, **기말까지 관련 계약을 이행한 부분이 있다면 그만큼 수익을 인식하면서 부채를 차감**한다.

CHAPTER 04 재무보고를 위한 개념체계 [1]

본문 p.20

01 ①	02 ④	03 ③	04 ②	05 ①	06 ③	07 ④	08 ①	09 ②	10 ④

01 정답 ①

해설 재무보고서는 **정확한 서술보다는 상당 부분 추정, 판단 및 모형에 근거**한다.

02 정답 ④

해설 재무정보가 예측가치를 갖기 위해서는 **그 자체가 예측치 또는 예상치일 필요는 없으며**, 정보이용자들이 미래결과를 예측하기 위해 사용하는 절차의 투입요소로 사용될 수 있다면 그 재무정보는 예측가치를 갖는다.

03 정답 ③

해설 중립적 서술은 **재무정보의 선택이나 표시에 편의가 없는 것**을 의미한다.

04 정답 ②

해설 동일한 경제적 현상에 대해 대체적인 회계처리방법을 허용하면 비교가능성은 **감소된다.**

05 정답 ①

해설 계량화된 정보가 검증가능하기 위해서는 **단일의 점추정치일 필요는 없고, 가능한 금액의 범위 및 관련된 확률도 검증될 수 있다.**

06 정답 ③

해설 ① 일반적으로 **정보는 오래될수록 유용성이 작아진다.**

② '충실한 표현' 중 **중립성**에 대한 설명이다.

④ '충실한 표현' 중 **오류가 없는 서술**에 대한 설명이다.

07 정답 ④

해설 모든 보강적 질적 특성은 목적적합하지 않거나 충실하게 표현되지 않으면, **개별적으로든 집단적으로든 그 정보를 유용하게 할 수 없다.**

08 정답 ①

해설 재무보고를 위한 개념체계에서 제시된 재무제표는 **재무상태표, 재무성과표, 그 밖의 재무제표와 주석**이다.

09 정답 ②

해설 경영활동을 **청산하거나 중요하게 축소하려는 의도나 필요가 있는 때부터** 계속기업과는 다른 기준에 따라 재무제표를 작성한다. 이때, 새로이 사용된 기준을 재무제표에 기술한다.

10 정답 ④

해설 개념체계와 한국채택국제회계기준이 상충하는 경우에는 **한국채택국제회계기준을 우선한다.**

CHAPTER 04 재무보고를 위한 개념체계 [2]

본문 p.24

01 ①	02 ③	03 ②	04 ④	05 ①	06 ②	07 ③	08 ②	09 ③	10 ④

01

정답 ①

해설 자산은 과거사건의 결과로 기업이 통제하는 현재의 경제적 자원이다. 여기서 경제적 자원은 경제적 효익을 창출할 잠재력을 지닌 권리이다. 따라서 **자산이 권리와 별개의 개념이라는 설명은 옳지 않다.**

02

정답 ③

해설 ㄱ. 많은 의무가 계약, 법률 또는 이와 유사한 수단에 의해 성립된다. 한편, **기업의 실무 관행, 경영방침이나 성명서에서 의무가 발생**할 수도 있는데, 이러한 의무는 법적의무와 구분하여 **의제의무**라고 불린다. 따라서 법적의무만으로는 부채를 정의할 수 없다.

ㄷ. 경제적 효익을 창출할 잠재력을 지닌 권리는 다른 당사자의 의무에 해당하는 권리와 다른 당사자의 의무에 해당하지 않는 권리로 구분되는데, 이는 자산을 정의하는 개념이고 부채와는 무관하다.

03

정답 ②

해설 ① **역사적 원가**는 자산의 손상이나 손실 부담에 따른 부채와 관련된 변동을 제외하고는 **가치변동을 반영하지 않는다.** 따라서 그러한 정보가 중요할 경우 역사적 원가는 **목적적합하지 않을 수 있다.**

③ 자산이나 부채의 최초 인식시점에 그 원가와 공정가치가 **비슷하더라도 당시 어떤 측정기준을 사용하였는지 기술할 필요가 있다.**

④ 총자본은 직접 측정하지 않지만, 자본의 일부 종류와 자본의 일부 구성요소에 대한 장부금액은 **직접 측정하는 것이 적절할 수 있다.** 그러나 이때에도 총 자본은 잔여지분으로 측정되기 때문에 적어도 자본의 한 종류는 직접 측정할 수 없다.

04

정답 ④

해설 역사적 원가는 **자산의 소비나 손상을 반영하여 감소**하기 때문에, 역사적 원가로 측정된 자산에서 회수될 것으로 예상되는 금액은 적어도 **장부금액과 같거나 장부금액보다 크다.** 마찬가지로 부채의 역사적 원가는 손실부담이 되는 경우 증가하기 때문에 부채를 이행하기 위하여 필요한 경제적 자원을 이전할 의무의 가치는 부채의 장부금액을 초과하지 않는다.

05

정답 ①

해설 공정가치로 자산과 부채를 측정하여 제공하는 정보는 예측가치를 가질 수 있다. 한편, 향후 이러한 정보에 대한 피드백을 제공함으로써 **확인가치도 가질 수 있다.**

06

정답 ②

해설 이는 공정가치에 대한 설명이다.

현행원가는 측정일 현재 동등한 자산의 원가이다. 즉, **측정일에 거래원가를 가산하여 지급하거나 거래원가를 차감하여 수취할 가격**이다. 이는 역사적 원가와 마찬가지로 **유입가치**이므로 유출가치인 공정가치와 구별된다.

07

정답 ③

해설 사용가치와 이행가치는 미래현금흐름에 기초하기 때문에 자산을 취득하거나 부채를 인수할 때 발생하는 거래원가는 포함되지 않는다. 그러나 기업이 **자산을 궁극적으로 처분**하거나 **부채를 이행**할 때 발생할 것으로 기대되는 **거래원가의 현재가치는 포함**된다.

08

정답 ②

해설 ① 재무자본유지개념은 **특정한 측정기준의 적용을 요구하지 않는다.**

③ 실물자본유지개념을 사용하기 위해서는 **당해 실물자본을 현행원가 기준에 따라 측정해야 한다.**

④ 재무자본유지개념과 실물자본유지개념의 주된 차이는 **기업의 자산과 부채에 대한 물가변동의 영향을 달리 회계처리하는 데에 기인한다.**

09

정답 ③

해설 기초자본 : ₩100,000

유지해야 할 자본 : ₩120,000 = 상품 A 4개×₩30,000

기말자본 : ₩160,000

따라서 자본유지조정은 ₩20,000(₩120,000 - ₩100,000),

당기순이익은 ₩40,000(₩160,000 - ₩120,000)이다.

10

정답 ④

해설 기초자본 : ₩100,000

유지해야 할 자본 : ₩110,000 = ₩100,000×(1 + 10%)

기말자본 : ₩160,000

따라서 **자본유지조정은 ₩10,000(₩110,000 - ₩100,000),**

당기순이익은 ₩50,000(₩160,000 - ₩110,000)이다.

CHAPTER 04 재무보고를 위한 개념체계 [3]

본문 p.28

01 ③	02 ①	03 ②	04 ③	05 ③	06 ③	07 ④	08 ②	09 ④	10 ④

01

정답 ③

해설 일반목적 재무보고서는 보고기업의 가치를 보여주기 위해 고안된 것이 아니다. 다만, 이것은 현재 및 잠재적 투자자, 대여자 및 기타채권자가 **보고기업의 가치를 추정하는 데 도움이 되는 정보를 제공한다.**

02

정답 ①

해설 **목적적합성**은 재무정보가 정보이용자의 의사결정에 차이나는 영향을 미치는지 여부에 따라 판단된다.

03

정답 ②

해설 ① 주석은 **재무제표에 해당한다.**

③ 재무제표는 기업의 현재 및 잠재적 투자자, 대여자와 기타채권자 중 특정 집단의 관점이 아닌 **보고기업 전체의 관점에서 거래 및 그 밖의 사건에 대한 정보를 제공한다.**

④ 재무성과표는 **수익과 비용에 대한 정보**를 포함한다. 한편, 재무제표에 표시되거나 공시된 금액을 추정하는 데 사용된 방법, 가정과 판단 및 그러한 방법, 가정과 판단의 변경에 대한 정보는 **주석에 표시**된다.

04

정답 ③

해설 ㄱ. 많은 권리가 계약, 법률 또는 이와 유사한 수단에 의해 성립된다. 한편, **기업은 노하우의 획득이나 창작활동 등 그 밖의 방법으로도 권리를 획득할 수 있다.**

ㄷ. 자산은 과거사건의 결과로 기업이 통제하는 현재의 경제적 자원이다. 여기서 경제적 자원이란 경제적 효익을 창출할 잠재력을 지닌 권리이다.

05

정답 ③

해설 지출의 발생과 자산의 취득은 밀접한 관련이 있으나 **양자가 반드시 일치하는 것은 아니다.**

06

정답 ③

해설 **경제적 자원의 이전가능성이 낮더라도 부채의 정의를 충족할 수 있다.**

07

정답 ④

해설 재무제표 요소 중 하나의 정의를 충족하는 항목이 인식되지 않더라도, **해당 항목에 대한 정보를 주석에 제공해야 할 수도 있다.**

08 정답 ②

해설 역사적 원가는 **자산, 부채 및 수익과 비용에 관한 화폐적 정보를 제공한다.** 한편, 역사적 원가와 달리 현행원가는 소비하거나 이행하는 시점의 일반적인 가격을 반영한다.

09 정답 ④

해설 **사용가치**는 기업이 **자산의 사용과 궁극적인 처분**을 통해 얻을 것으로 기대하는 현금흐름 또는 그 밖의 경제적 효익의 현재가치이다. **이행가치**는 기업이 **부채의 이행**을 위해 이전할 것으로 예상하는 현금흐름 또는 그 밖의 경제적 자원의 현재가치이다.

10 정답 ④

해설 사기업은 정보이용자의 정보요구에 따라 적절한 자본개념을 선택해야 한다. 정보이용자가 주로 명목상의 투하자본이나 투하자본의 구매력 유지에 관심이 있다면 재무적 개념의 자본을 채택하고, 기업의 조업능력의 유지에 관심이 있다면 **실물적 자본의 개념**을 사용한다.

CHAPTER 05	재무제표								본문 p.32
01 ③	02 ③	03 ②	04 ②	05 ①	06 ①	07 ④	08 ①	09 ③	10 ④

01

정답 ③

해설 한국채택국제회계기준에서 요구하거나 허용하는 경우 **상계하여 표시할 수 있다.**

02

정답 ③

해설 ① 부적절한 회계정책은 공시나 주석 또는 보충 자료를 통해 **잘 설명되더라도 정당하지 않다.**

② 현금흐름표는 **현금기준** 회계를 사용해 작성하여야 한다.

④ **재무상태표상 자산과 부채의 표시에 있어 그 순서와 형식이 규정된 바 없다.** 따라서 반드시 유동성 순서에 따를 필요는 없고, 유동/비유동 구분법과 혼합법도 가능하다.

03

정답 ②

해설 ㄹ. **재무제표를 이해하는 데 목적적합하다면** 서술형 정보의 경우에도 **비교정보를 포함한다.**

04

정답 ②

해설 이연법인세자산(부채)은 **비유동자산(부채)**으로 분류한다.

05

정답 ①

해설 ㄴ. 보고기간 말 이전에 장기차입약정을 위반한 장기성채무는 상환압박을 받게 되므로 **유동부채로 분류한다.**

ㄹ. 보고기간 말 이후에 합의가 이루어졌으므로 **수정을 요하지 않는 보고기간후사건**으로 보고 해당 장기성 채무를 유동부채로 분류한다.

06

정답 ①

해설 매입채무는 **기업의 정상영업주기 내에 사용**되는 운전자본의 일부이므로, 보고기간 후 12개월 후에 결제일이 도래하더라도 **유동부채**로 분류된다.

07

정답 ④

해설 ① 매출액에서 매출원가 및 판매비와 관리비를 차감한 **영업이익**을 구분하여 표시한다.

② 비용의 **성격**에 대한 정보가 미래현금흐름을 예측하는 데 유용하다. 따라서 비용을 기능별로 분류하는 경우에는 성격별 분류에 따른 추가 공시가 필요하다.

③ 한국채택국제회계기준 제1001호 '재무제표 표시'는 구체적인 포괄손익계산서의 형식을 규정하지 않는다. 다만, **표시해야 할 최소한의 항목을 제시하고 있는데, 법인세비용이 여기에 포함된다.**

08

정답 ①

해설 ② 비용의 성격별 분류와 기능별 분류 중 정보이용자에게 **더욱 목적적합한 정보를 제공할 수 있는 방법을 선택하여 적용**한다.

③, ④ 비용을 기능별로 분류하는 경우 매출원가와 다른 비용을 서로 **구분하여야 한다.** 이때, 그 **판단기준이 자의적이거나 분류 과정에서 주관적인 견해가 개입될 여지가 있다.**

09 정답 ③

해설 기타포괄손익(재분류조정 포함)과 관련된 법인세비용은 **포괄손익계산서나 주석에 표시**한다.

10 정답 ④

해설 자본변동표는 일정 기간의 **자본변동**에 대한 정보를 제공한다. 일정 기간의 경영성과에 대한 정보는 포괄손익계산서에 표시된다.

 본문 p.36

01 ①	02 ②	03 ④	04 ③	05 ④	06 ①	07 ②	08 ③	09 ②	10 ④

01

정답 ①

해설 **선일자수표는 통화대용증권에 포함되지 않는다.** 이는 약속된 날까지 은행에 지불하지 않기로 한 약속어음으로 매출채권에 해당한다.

02

정답 ②

해설 현금성 자산은 **취득 당시** 만기가 3개월 이내이어야 한다. 취득 당시 만기가 3개월을 초과하면 금융상품으로 분류한다. 이때, 보고기간 종료일로부터 만기가 12개월 이내이면 단기, 12개월을 초과하면 장기금융상품이다.

항목	구분	금액
선일자수표	매출채권	
자기앞수표	현금및현금성자산	₩110,000
환매조건부 채권	현금및현금성자산	₩300,000
양도성예금증서	단기금융자산	
계		₩410,000

03

정답 ④

해설 당기 중에 현금으로 지급한 광고선전비를 현금과부족 계정으로 계상한다. 한편, 당초 현금실사 잔액과 장부상 잔액은 누락된 광고선전비만큼 차이가 나야 하지만, 원인이 불분명한 잡이익 ₩15,000이 발생하여 실제 그 차이는 ₩50,000이다.

04

정답 ③

해설 은행계정조정 시 회사측 원인에 해당하는 항목은, 은행은 거래를 올바르게 처리하고 있으나 회사가 아직 거래를 인식하지 못한 것이다.

ㄹ. 회사가 현금을 입금한 날을 기준으로 회사는 거래를 올바르게 처리하고 있으나 은행이 아직 거래를 인식하지 못한 것이다.

05

정답 ④

해설 수정 전 ㈜민국의 잔액을 기준으로 수정 후 잔액을 계산하고, 이를 역산하여 수정 전 은행측 잔액을 구한다.

구분	회사측	은행측
수정 전	₩50,000	⟨⟨₩67,300⟩⟩
기발행미인출수표		(₩10,000)
미기입예금		₩3,000
미통지입금	₩13,000	
기장오류	(₩2,700)	
수정 후	₩60,300	₩60,300

06 정답 ①

해설 **일반적인 상거래에서 매입이 이루어졌으나 그 대가를 나중에 지급하는 경우 매입채무를 인식**하며, 일반적인 상거래 이외의 경우는 미지급금 계정으로 계상한다.

07 정답 ②

해설 ① **대손에 해당하는 금액은 미래 경제적 효익의 유입가능성이 불확실해지므로 자산으로 인식할 수 없다.** 즉, 현재 매출채권에 대한 대손의 가능성이 높고 이에 관한 객관적인 증거가 있는 경우에는 예상되는 경제적 효익의 감소분을 대손상각비로 인식하고 매출채권에서 차감해야 한다.

③ 한국채택국제회계기준에서는 **충당금설정법**만을 인정한다.

④ 매출채권에 대한 대손충당금과 같은 평가충당금을 차감하여 관련 자산을 순액으로 측정하는 것은 상계표시에 **해당하지 않는다.**

08 정답 ③

해설 회수 불가능한 것으로 확정되었던 매출채권의 일부를 회수하는 경우, 결과적으로 매출채권은 상환된 것이므로 분개상 나타나지 않는다.

대손 추정 시점	(차) 대손상각비	₩1,000	(대) 대손충당금	₩1,000
대손 확정 시점	(차) 대손충당금	₩1,000	(대) 매출채권	₩1,000
현금 회수 시점	**(차) 매출채권**	**₩500**	(대) 대손충당금	₩500
		또는		
	(차) 매출채권	₩500	(대) 대손상각비	₩500
	(차) 현금	₩500	**(대) 매출채권**	**₩500**
		↓상계표시		
	(차) 현금	₩500	(대) 대손충당금	₩500
		또는		
	(차) 현금	₩500	(대) 대손상각비	₩500

09 정답 ②

해설 주어진 조건들을 활용해 '매출채권 T' 계정을 채운다.

매출채권

기초	₩100,000	매출채권 회수	₩45,000
매출	《₩25,000》	대손	₩10,000
		기말	₩70,000
	₩125,000		₩125,000

10 정답 ④

해설 (1) 기초대손충당금 = 기초매출채권 - 기초 추정 미래현금흐름 = ₩5,500 - ₩2,300 = ₩3,200

(2) 기말대손충당금 = 기말매출채권 - 기말 추정 미래현금흐름 = ₩6,000 - ₩1,500 = ₩4,500

(3) 기말대손상각비 = ₩4,500 - ₩3,200 = ₩1,300

CHAPTER 07	금융자산 [1]	본문 p.40

01 ②	02 ④	03 ③	04 ④	05 ①	06 ②	07 ④	08 ①	09 ③	10 ④

01 정답 ②

해설 금융상품은 거래당사자 일방에게는 금융자산을, 동시에 다른 상대방에게는 금융부채나 지분상품을 발생시키는 모든 계약이다.

ㄱ. 선급비용은 이미 유출된 현금에 대한 비용을 계상하지 않고 이연시키는 항목으로, **차후 금융자산·부채로 결제되지 않기 때문에** 금융상품이 아니다.

ㄹ. 법인세는 **계약에 따르지 않기 때문에** 금융상품이 아니다.

02 정답 ④

해설 공정가치 평가에 따른 미실현보유손익은 포괄손익계산서에 **당기손익**으로 인식한다.

03 정답 ③

해설 평가이익 = 공정가치 - 장부금액 = 1,000주×₩200 - 1,000주×₩100 = ₩100,000

04 정답 ④

해설 단기투자목적으로 취득한 주식은 **당기손익 - 공정가치 측정 금융자산**으로 분류한다.

05 정답 ①

해설 최초에 기타포괄손익 - 공정가치 측정 지분상품으로 분류한 경우 **이를 취소할 수 없다.**

06 정답 ②

해설 X1년 공정가치 평가를 통해 기타포괄손익 - 공정가치 측정 금융자산의 장부금액이 ₩980,000로 변동되었다. X2년 동 금융자산의 공정가치가 ₩1,030,000이므로 평가이익은 ₩50,000(₩1,030,000 - ₩980,000)이다.

07 정답 ④

해설 (1) 당기순이익에 대한 영향 = 처분손익 = ₩0

(2) 총포괄손익에 대한 영향 = 처분손익 + 평가손익 = ₩0 + (₩1,500,000 - ₩1,380,000)
= ₩120,000

08 정답 ①

해설 단기투자목적으로 취득한 지분상품은 **당기손익 - 공정가치 측정 금융자산으로만 분류**한다.

09 정답 ③

해설 ① 처분 시 평가손익을 이익잉여금에 대체하면 미실현손익이 실현손익으로서 이익잉여금에 누적된다. **즉, 결과적으로 현금 ₩51,000(취득원가 ₩50,000 + 매입수수료 ₩1,000)에 취득한 주식을 현금 ₩53,000에 처분함으로써 이익잉여금 ₩2,000이 증가한다.**

③ 당기손익 - 공정가치 측정 금융자산으로 분류할 경우 처분손실은 ₩3,000이다.

10 정답 ④

해설 총포괄손익 ₩29,000 증가 = 당기순손익 ₩30,000 증가 + 기타포괄손익 ₩1,000 감소

CHAPTER 07	금융자산 [2]	본문 p.44

01 ①	02 ②	03 ③	04 ④	05 ②	06 ①	07 ④	08 ③	09 ①	10 ②

01

정답 ①

해설 당기손익 - 공정가치 측정 채무상품은 공정가치 평가를 통해 당기손익을 인식한다. 만일 유효이자율법으로 상각하여 이자수익을 인식한다면 그만큼 평가손익이 줄어들 것이다. 하지만 **이자수익과 평가손익의 총합이 액면이자를 수취하고 공정가치로 평가한 결과와 다르지 않으므로 결국 유효이자율법은 적용하지 않는다.**

02

정답 ②

해설 처분 시 수취 대가와 해당 금융자산의 상각후원가의 차이를 **당기손익**으로 인식한다.

03

정답 ③

해설 상각후원가 측정 채무상품은 공정가치 평가를 하지 않기 때문에 공정가치에 관한 정보는 불필요하다.

(1) X1년 말 채무상품의 장부금액 = 취득원가 + 상각액
= ₩950,000 + (₩950,000 × 10% - ₩80,000) = ₩965,000

(2) X2년 초 채무상품의 처분손익 = 처분대가 - 장부금액
= ₩1,000,000 - ₩965,000 = ₩35,000 이익

04

정답 ④

해설 원리금만을 수취할 목적으로 취득한 사채는 상각후원가 측정 금융자산으로 분류한다.

(1) X1년 말 채무상품의 장부금액 = ₩900,000 + (₩900,000 × 10% - ₩1,000,000 × 8%)
= ₩910,000

(2) **X2년 말 채무상품의 장부금액** = ₩910,000 + (₩910,000 × 10% - ₩1,000,000 × 8%)
= ₩921,000
= X3년 초 채무상품의 장부금액

05

정답 ②

해설 처분 시 수취 대가와 해당 금융자산의 상각후원가의 차이를 당기손익으로 인식한다. 즉, **기타포괄손익 - 공정가치 측정 채무상품의 처분손익은 상각후원가 측정 채무상품의 처분손익과 동일한 금액이다.**

06

정답 ①

해설 (1) X1년 말 채무상품의 장부금액 = ₩950,000 + (₩950,000 × 10% - ₩80,000) = ₩965,000

(2) X1년 평가손익 = ₩980,000 - ₩965,000 = ₩15,000

(3) X2년 처분손익 = ₩1,020,000 - ₩965,000 = ₩55,000

07 정답 ④

해설 (1) X1년 말 채무상품의 장부금액 = ₩88,000 + (₩88,000 × 15% - ₩100,000 × 10%)
= ₩91,200

(2) X1년 평가손익 = ₩95,000 - ₩91,200 = ₩3,800 이익

08 정답 ③

해설 ① 재분류는 이를 초래하는 사업모형의 변경 후 **첫 번째 보고기간의 첫 번째 날**에 수행한다.

② 재분류는 재분류일부터 **전진적으로 적용**한다.

④ **기타포괄손익 - 공정가치 측정 금융자산을 당기손익 - 공정가치 측정 금융자산으로 재분류하는 경우** 관련 기타포괄손익누계액을 재분류조정한다.

09 정답 ①

해설 무위험이자율은 위험 상황을 배제한, 순수한 투자의 기대수익률을 나타낸다. 따라서 손상의 객관적인 증거와 무관하다. 한편, 무위험이자율이 하락하면 현행 시장이자율이 낮아져 채권의 시장가치가 상승할 수 있다.

10 정답 ②

해설 기타포괄손익 - 공정가치 측정 금융자산의 평가이익은 기타포괄손익으로 계상하므로 **당기순이익과 무관**하다.

CHAPTER 07	금융자산 [3]	본문 p.48

본문 p.48

01 ②	02 ②	03 ③	04 ④	05 ①	06 ④	07 ③	08 ①	09 ④	10 ②

01

정답 ②

해설 상각후원가 측정 및 기타포괄손익 - 공정가치 측정 금융자산으로 분류하는 채무상품 외 **기타의 목적으로 취득한 나머지 채무상품은 당기손익 - 공정가치 측정 금융자산으로 분류**한다.

02

정답 ②

해설 ① 당기손익 - 공정가치 측정 금융자산의 매입수수료는 당기손익으로 처리한다.

② 평가이익 = (₩1,750 - ₩1,250) × 10주 = ₩5,000

③ 당기손익 - 공정가치 측정 금융자산의 평가이익은 포괄손익계산서상 당기손익으로 계상된다.

④ 처분손익 = ₩22,000 - ₩1,750 × 10주 = ₩4,500 이익

03

정답 ③

해설 (1) X2년 당기손익 - 공정가치 측정 금융자산 평가손익(당기손익)

= ₩13,000 - ₩17,500 = ₩4,500 손실

(2) X2년 기타포괄손익 - 공정가치 측정 금융자산 평가손익(기타포괄손익)

= ₩1,700 - ₩1,050 = ₩650 이익

(3) **총포괄손익 = 당기손익 + 기타포괄손익 =** ₩4,500 손실 + ₩650 이익 = ₩3,850 손실

04

정답 ④

해설 (1) 당기손익 - 공정가치 측정 금융자산으로 분류한 경우:

(₩7,000 - ₩6,000) × 100주 = ₩100,000

(2) 기타포괄손익 - 공정가치 측정 금융자산으로 분류한 경우: 처분손익을 인식하지 않는다.

05

정답 ①

해설 이자지급일 사이에 취득한 사채의 경우 미수이자채권(경과이자)을 포함하고 있다. 즉, **순수채권의 취득가격은 지급대가에서 미수이자채권의 가치를 차감한 금액이다.**

(1) 미수이자채권(경과이자) = ₩100,000 × 12% × **2/12** = ₩2,000

(2) 순수채권의 취득가격 = ₩97,000 - ₩2,000 = ₩95,000

06

정답 ④

해설 원리금 수취 및 매도 목적으로 취득한 사채는 기타포괄손익 - 공정가치 측정 금융자산으로 분류한다.

① 취득가격

= ₩100,000×0.71(3년, **12%**, 현가계수) + ₩100,000 × 10% × 2.4(3년, **12%**, 연금현가계수)

= ₩95,000

② 이자수익 = ₩95,000 × **12%** = ₩11,400

③ 상각후원가 = ₩95,000 + (₩95,000 × **12%** - ₩100,000 × **10%**) = ₩96,400

④ 처분이익 = ₩97,400 - ₩96,400 = ₩1,000

07 정답 ③

해설 (1) X2년 말 이자수익 = ₩899,000 × **10%** = ₩89,900

(2) X1년 말 평가손익 = ₩915,000 - ₩899,000 = ₩16,000 이익

(3) X2년 말 이자이익 = ₩908,900 × **10%** = ₩90,890

(4) X2년 말 재무상태표상 평가손익 = X2년 공정가치 - X2년 상각후원가
= ₩910,000 - ₩908,900
= ₩1,100 이익

(5) X2년 말 포괄손익계산서상 평가손익 = X2년 기타포괄손익누계액 - X1년 기타포괄손익누계액
= ₩1,100 - ₩16,000
= ₩14,900 손실

08 정답 ①

해설 신용이 손상되지 않고, 단지 신용위험이 발생한 경우, 이자수익 계산 시 **손상 전 상각후원가**를 사용한다.

09 정답 ④

해설 기타포괄손익 - 공정가치 측정 금융자산을 당기손익 - 공정가치 측정 금융자산으로 재분류하는 경우 계속 공정가치로 측정하고, 재분류 전에 인식한 기타포괄손익누계액은 **재분류일에 재분류조정을 통해 당기손익으로 인식**한다.

10 정답 ②

해설 금융상품은 계약에 의해 발생하여야 하므로, 계약을 통하지 않은 당기법인세부채는 금융상품이 아니다.

CHAPTER 08	재고자산 [1]	본문 p.52

01 ③	02 ②	03 ②	04 ③	05 ④	06 ①	07 ③	08 ②	09 ②	10 ④

01

정답 ③

해설 **금융기관이 판매를 목적으로 보유하고 있는 유가증권은 재고자산으로 분류된다.** 한편, 회사가 투자를 목적으로 보유하는 유가증권의 경우 보유 목적에 따라 당기손익 - 공정가치 측정 금융자산, 기타포괄손익 - 공정가치 측정 금융자산, 상각후원가 측정 금융자산으로 분류되고, 지분법을 적용하는 경우에는 관계기업투자주식으로 분류된다.

02

정답 ②

해설 상품 취득 과정에서 발생하는 매입에누리·환출 및 매입할인, 리베이트는 **재고자산의 취득원가에서 차감된다.**

03

정답 ②

해설 기초상품재고 = 매출원가 + 기말상품재고 - 당기상품매입

(1) 매출원가 = 총매출액 - 매출에누리 - 매출총이익
= ₩500,000 - ₩30,000 - ₩200,000 = ₩270,000

(2) 당기상품매입 = 총매입액 + 매입운임 - 리베이트
= ₩300,000 + ₩20,000 - ₩10,000 = ₩310,000

순매출액 및 순매입액을 사용하여 기초상품재고 금액을 도출해야 한다. 이때, 매출운임은 당기비용으로 인식되기 때문에 재고자산 원가 계산 시 고려하지 않는다.

04

정답 ③

해설 기말상품재고 = 기초상품재고 + 당기상품매입 - 매출원가

(1) 당기상품매입 = 총매입액 - 매입에누리 = ₩235,000 - ₩5,000 = ₩230,000

(2) 매출원가 = (총매출액 - 매출에누리) ÷ (1 + 20%) = ₩200,000
매출 = 매출원가 + 매출총이익 = 매출원가 + 매출원가 × 20% = 매출원가 × (1 + 20%)

05

정답 ④

해설 ① (1) 5월 5일 이동평균단가 = (100개 × ₩10 + 300개 × ₩20) ÷ 400개 = ₩17.5
(2) 9월 9일 이동평균단가 = (200개 × ₩17.5 + 100개 × ₩25) ÷ 300개 = ₩20

② (1) 5월 5일 매출원가 = 100개 × ₩10 + 100개 × ₩20 = ₩3,000
(2) 9월 9일 매출원가 = 200개 × ₩20 + 50개 × ₩25 = ₩5,250

③ (1) 총평균단가 = (100개 × ₩10 + 300개 × ₩20 + 100개 × ₩25) ÷ 500개 = ₩19
(2) 총평균법에 따른 기말상품재고 금액: ₩950
기말상품재고 금액이 클수록 매출원가를 작게 계상하므로 당기순이익도 보다 크게 인식된다.

④ 원가흐름의 가정이 선입선출법으로 동일한 경우 수량결정의 방법에 관계없이 **매출원가는 동일하다.**

06 정답 ①

해설 매출원가 = 기초상품재고 + 당기상품매입 - 기말상품재고

기말재고	₩350,000	
판매위탁	(₩150,000)	㈜민국의 재고자산이 아니므로 기말재고에서 차감
미착상품	–	
적송품	₩40,000	미판매분 20%만 기말재고에 가산
시송품	₩60,000	고객이 매입의사를 표시하지 않은 부분만 기말재고에 가산
계	₩300,000	

07 정답 ③

해설 ① 도착지 인도기준의 미착상품에 대해 **판매자가 부담하는 운임**은 **판매자의 당기비용**으로 인식된다.

② 선적지 인도기준의 미착상품에 대해 **매입자가 부담하는 운임**은 **매입자의 재고자산 취득원가**에 포함된다.

④ **시송품은 판매가 이루어지기 전까지 판매자의 재고자산에 포함된다.**

08 정답 ②

해설 영업이익 = 매출 - 매출원가 - 판매관리비

(1) 매출 = 5개 × ₩50,000 = ₩250,000

(2) 매출원가 = (10개 × ₩30,000 + ₩20,000) × 5/10 = ₩160,000

(3) 판매관리비 = 5개 × ₩1,000 = ₩5,000

09 정답 ②

해설 적송품은 판매가 이루어지기 전까지 판매자의 재고자산에 포함된다. 따라서 이 경우 재고자산이 실제보다 적게 계상되므로 매출원가는 역으로 크게 계상된다.

10 정답 ④

해설 법인세효과를 제외하면 원가흐름의 가정과 무관하게 현금흐름의 크기가 모두 동일하다. 법인세효과를 고려하는 경우 이익이 크게 산정될수록 법인세비용도 커지므로 관련 현금흐름이 줄어든다.

CHAPTER 08 재고자산 [2]

본문 p.56

01 ④	02 ④	03 ①	04 ②	05 ②	06 ①	07 ①	08 ②	09 ③	10 ③

01

정답 ④

해설 향후 제품이 원가 이상으로 판매될 것으로 예상하는 경우에는 그 생산에 투입하기 위해 보유하는 원재료에 대하여 저가법을 **적용하지 않는다.**

02

정답 ④

해설 제품의 순실현가능가치가 제품의 제조원가보다 크므로 **원재료에 대하여 저가법을 적용하지 않는다.**

03

정답 ①

해설 기말실지재고 금액 = 기말장부재고 금액 - 재고자산감모손실
= ₩50,000 - ₩17,000 = ₩33,000
= **기말실지재고 수량** × 취득단가 = **33개** × ₩1,000

04

정답 ②

해설 (1) 기말장부재고 수량 = 기말장부재고 금액 ÷ 취득단가 = ₩200,000 ÷ ₩2,000 = 100개
(2) 재고자산감모손실 = (기말장부재고 수량 - **기말실지재고 수량**)×취득단가
= ₩20,000
= (100개 - **90개**) × ₩2,000
(3) 재고자산평가손실 = 기말실지재고 수량 × (취득단가 - **기말 단위당 순실현가능가치**)
= ₩18,000
= 90개 × (₩2,000 - **₩1,800**)

05

정답 ②

해설 재고자산평가손실 = {₩10,000 - (₩9,500 - ₩500)} × 2 = ₩2,000
향후 제품 B가 원가 이상으로 판매될 것으로 예상하므로 원재료 B에 대하여 저가법을 적용하지 않는다.

06

정답 ①

해설 (1) 기말장부재고 금액 = **기말장부재고 수량** × 취득단가 = ₩50,000 = **200개** × ₩250
(2) 기말실지재고 금액 = **기말실지재고 수량** × 취득단가 = ₩42,500 = **170개** × ₩250
(3) 재고자산평가충당금 = 기말실지재고 수량 × (취득단가 - 기말 단위당 순실현가능가치)
= 170개 × (₩250 - ₩170) = ₩13,600

07

정답 ①

해설 (1) 장부재고 금액 = 기초재고 + 당기매입 - 매출원가
= ₩10,000 + ₩25,000 - ₩16,000 = ₩19,000
매출원가 = 매출 × (1 - 20%) = ₩16,000
(2) 소실액 = 장부재고 금액 - 잔여재고 금액 = ₩5,000

08 정답 ②

해설 (1) 기말재고 매가 = 기초재고 매가 + 당기매입 매가 - 당기매출 = ₩300,000

(2) 원가율(가중평균법) = 원가 ÷ 매가
= (₩150,000 + ₩650,000 + ₩100,000) ÷ (₩200,000 + ₩1,000,000)
= 75%

(3) 기말재고 원가 = 기말재고 매가 × 원가율 = ₩300,000 × 75% = ₩225,000

(4) 매출원가 = 기초재고 원가 + 당기매입 원가 + 매입운임 - 기말재고 원가 = ₩675,000

09 정답 ③

해설 (1) 기말재고 매가 = 기초재고 매가 + 당기매입 매가 - 당기매출 = ₩300,000

(2) 원가율(선입선출법) = 원가 ÷ 매가
= (₩650,000 + ₩100,000) ÷ ₩1,000,000
= 75%

(3) 기말재고 원가 = 기말재고 매가×원가율 = ₩300,000 × 75% = ₩225,000

10 정답 ③

해설 수확물은 **최초 인식시점에 어떠한 경우에도 순공정가치로 측정한다.**

CHAPTER 08	재고자산 [3]	본문 p.60

01 ③	02 ④	03 ①	04 ②	05 ③	06 ②	07 ④	08 ①	09 ④	10 ③

01

정답 ③

해설 재고자산 매입단가의 변동과 별개로, 감모 등 손실이 없다면 **계속기록법 또는 실지재고조사법 하의 선입선출법을 적용하여 계산한 매출원가는 서로 동일**하다.

02

정답 ④

해설 (1) 당기매출액 = 당기매출원가 ÷ (1 - 매출총이익률) = ₩120,000 ÷ (1 - 20%) = ₩150,000

당기매출액 = 매출원가 + 매출총이익 = 매출원가 + (당기매출액 × 20%)

(2) 현금 회수액 = 기초매출채권의 50% + 당기매출채권의 일부

매출채권

기초	₩50,000	현금회수	
		기초분 회수	₩25,000
		당기분 회수	〈〈₩105,000〉〉
매출	₩150,000	기말	₩70,000
	₩200,000		₩200,000

03

정답 ①

해설 (1) 당기매출액 = ₩120,000

판매수수료와 운임 및 보관료는 별도로 당기비용으로 처리한다.

(2) 적송품 = (₩1,000 × 100개 + ₩2,000) × 40개/100개 = ₩40,800

04

정답 ②

해설 (1) 매출액 = ₩400 × 30개 = ₩12,000

(2) 매출원가 = ₩140 × 30개 = ₩4,200

이동평균법에 따른 재고자산 단위원가 = (₩100 × 10개 + ₩150 × 40개) ÷ 50개 = ₩140

(3) 매출총이익 = 매출액 - 매출원가 = ₩7,800

05

정답 ③

해설 **재고자산의 과소 또는 과대계상 여부에 따라 매출원가는 과대 또는 과소계상 된다는 점에 유의한다.**

항목	오류	금액
시송품	재고자산 과소계상 → 매출원가 과대계상	₩100,000
상품 A	재고자산 과소계상 → 매출원가 과대계상	₩255,000
상품 B	재고자산 과소계상 → 매출원가 과대계상	₩217,000
계	₩572,000 과대계상	

06 정답 ②

해설 '재고자산 T' 계정의 대변 중 매출원가를 제외한 나머지 영역에 주어진 정보를 채워 넣는다.

(1) 감모손실 = 장부금액 - 실사금액 = ₩30,000

(2) 비정상적인 재고감모손실 = ₩30,000 × 30%

(3) 매출원가

재고자산

기초재고	₩300,000	매출원가	《₩791,000》
		기타비용	₩9,000
매출	₩700,000	기말재고	₩200,000
	₩1,000,000		₩1,000,000

07 정답 ④

해설 기초재고자산 및 당기매입분에 대한 정보는 필요하지 않다.

(1) X1년 말 재무상태표상 재고자산평가충당금 = ₩30,000 - ₩25,000 = ₩5,000

(2) X1년 말 포괄손익계산서상 재고자산평가손실 = ₩5,000 - ₩2,000 = ₩3,000

08 정답 ①

해설 당기총비용은 매출원가와 재고자산평가손실을 포함한다.

(1) X1년 말 재무상태표상 기말상품재고 = ₩1,200 × 100개 = ₩120,000

(2) 당기총비용 = 기초상품재고 + 당기상품매입 - 기말상품재고 = ₩380,000

재고자산

기초재고	₩100,000	당기비용	《₩380,000》
매출	₩400,000	기말재고	₩120,000
	₩500,000		₩500,000

09 정답 ④

해설 (1) 매출원가 = **순매출액** × (1 - 매출총이익률) = (₩52,500 - ₩2,500) × (1 - 20%)
= ₩40,000

(2) 기말 장부상 재고

재고자산

기초재고	₩35,000	당기비용	₩40,000
매출	₩20,000	기말재고	₩15,000
	₩55,000		₩55,000

(3) 재고자산 손실액 = 장부상 기말재고 - 순실현가능가치 = ₩15,000 - ₩3,000 = ₩12,000

10 정답 ③

해설 **원가율 계산 시 순인하액을 제외**함으로써 저가기준을 적용한 것과 동일한 효과를 누린다.

(1) 기말재고 매가 = 기초재고 매가 + 당기매입 매가 - 당기매출 + **순인상액 - 순인하액**
= ₩2,000

(2) 원가율(저가기준 선입선출법) = 원가 ÷ 매가 = ₩3,500 ÷ (₩6,400 + ₩600 - **₩0**) = 50%

(3) 기말재고 원가 = ₩1,000

01 ④	02 ③	03 ④	04 ①	05 ③	06 ②	07 ①	08 ③	09 ④	10 ②

01

정답 ④

해설 자산의 분류를 결정할 때, 해당 자산을 어떠한 목적으로 보유하고 있는지 파악한다.

① **판매 목적**으로 보유하고 있으므로 재고자산이다.

② 살아있는 동물로서 농림어업활동에 동원되므로 생물자산이다.

③ 시세가 상승할 것으로 예측하여 취득하였으나 아직 사용 목적을 결정하지 못하였으므로 투자부동산이다. 이에 대한 내용은 10장에서 자세히 배운다.

④ **사용 목적**으로 보유하고 있으므로 유형자산이다.

02

정답 ③

해설 토지와 건물을 일괄취득하고 즉시 건물을 철거하였다면 일괄구입가격을 전부 토지로 인식한다. 이때, 구건물의 철거비용은 **토지**의 취득원가에 포함된다.

03

정답 ④

해설 **비정상적으로 발생한 지출은 당기비용**일 뿐, 토지의 취득원가에 포함되지 않는다.

토지의 취득원가 = ₩100,000 + ₩3,000 + ₩5,500 + ₩4,500 = ₩113,000

04

정답 ①

해설 **현물출자 시 자산의 취득원가는 자산의 공정가치**이다. 다만, 자산의 공정가치를 신뢰성 있게 결정할 수 없는 경우 주식의 공정가치를 자산의 취득원가로 인식한다.

05

정답 ③

해설 거래의 상업적 실질이 있으므로 공정가치를 통해 자산을 교환한다. 다만, 문제에 제공한 자산의 공정가치가 주어지지 않았으므로, '준 것 = 받은 것'의 원리를 통해 이를 산출해야 한다.

(1) 준 것: **승용차 ₩72,000** + 현금 ₩10,000 = 운반용 트럭 ₩82,000: 받은 것

(2) 유형자산처분손익 = 공정가치 - 장부가치

= ₩72,000 - (₩100,000 - ₩25,000) = ₩3,000 손실

06

정답 ②

해설 거래의 상업적 실질이 있으면 공정가치로, 없으면 장부금액으로 교환한다.

① 준 것: 제공한 기계장치 ₩820,000 = **취득한 기계장치 ₩700,000** + 현금 ₩120,000: 받은 것

② 유형자산처분손익 = 공정가치 - 장부가치

= ₩820,000 - (₩1,000,000 - ₩300,000) = ₩120,000

③ 준 것: 제공한 기계장치 ₩700,000 = **취득한 기계장치 ₩580,000** + 현금 ₩120,000: 받은 것

④ **상업적 실질이 없는 교환거래의 처분손익은 인식하지 않는다.**

07 정답 ①

해설 (1) X1년 9월 초 기계장치 순장부금액 = ₩1,000,000 - ₩150,000 = **₩850,000**

(2) X3년 8월 말 기계장치 장부금액 = **₩850,000** - 누적 감가상각비

= ₩850,000 - (₩850,000 × 24개월/60개월)

= ₩510,000

(3) 유형자산처분손익 = ₩520,000 - ₩510,000 = ₩10,000 이익

08 정답 ③

해설 정부보조금은 이에 부수되는 조건의 준수와 보조금 수취에 대한 **합리적인 확신이 있는 경우에만 인식한다.** 즉, 단순히 보조금을 수취하였다는 사실만으로는 인식할 수 없다.

09 정답 ④

해설 (1) X1년 복구비용의 현재가치 = ₩1,000,000 × 0.62 = ₩620,000

(2) 구축물의 취득원가 = 순수 취득금액 ₩5,000,000 + 복구비용의 현재가치 ₩620,000

= ₩5,620,000

(3) X1년 구축물의 감가상각비 = ₩5,620,000/5년 = ₩1,124,000

10 정답 ②

해설 내용연수 종료시점에 복구충당부채와 실제 지불액은 **다를 수 있으며, 이에 따른 차액을 복구공사 손익으로 인식한다.**

CHAPTER 09 유형자산 [2]

본문 p.68

01 ①	02 ②	03 ④	04 ③	05 ④	06 ②	07 ④	08 ①	09 ③	10 ④

01 정답 ①

해설 일시적 운휴 상태의 유형자산에 대하여 **감가상각을 중단하지 않는다.** 즉, 관련 감가상각비를 계속 인식한다.

02 정답 ②

해설 (1) 연수합계 = {4 × (4 + 1)}/2 = 10

(2) X1년 감가상각률 = 4/10 = 0.4

(3) **기계장치의 취득원가** = ₩400,000/0.4 + ₩80,000 = ₩1,080,000

X1년 감가상각비 = ₩400,000 = (**기계장치의 취득원가** - ₩80,000)×0.4

03 정답 ④

해설 일괄취득 구입가격을 토지와 건물의 공정가치에 따라 안분한다.

(1) 건물의 취득원가 = ₩1,000,000 × ₩350,000/(₩350,000 + ₩1,050,000) = ₩250,000

(2) 연수합계 = 10

(3) X1년 감가상각률 = 0.4

(4) X1년 감가상각비 = ₩250,000 × 0.4 × **6/12** = ₩50,000

04 정답 ③

해설 (1) X2년 감가상각누계액 = (₩870,000 - ₩20,000) × 2/5 = ₩340,000

(2) X2년 기계장치손상차손 인식 전 기계장치 장부금액 = ₩870,000 - ₩340,000 = ₩530,000

(3) X2년 회수가능액 = **Max[순공정가치, 사용가치]** = ₩430,000

(4) X2년 기계장치손상차손 = ₩530,000 - ₩430,000 = ₩100,000 손실

05 정답 ④

해설 (1) X1년 회수가능액 = ₩690,000

(2) X2년 7월 1일 감가상각비 = ₩690,000/3 × **6/12** = ₩115,000

내용연수(4 - **1**)년, 잔존가치 ₩0, 정액법 상각

(3) X2년 기계장치 장부금액 = ₩690,000 - ₩115,000 = ₩575,000

(4) X2년 기계장치 처분손익 = ₩570,000 - ₩575,000 = ₩5,000 손실

06 정답 ②

해설 (1) X1년 말 손상차손 인식 전 장부금액 = ₩10,000 - ₩10,000 × 1/5 = ₩8,000

(2) X1년 말 손상차손 인식 후 장부금액 = Min[Max(₩5,400, ₩6,400), ₩8,000] = ₩6,400

(3) X2년 말 손상회복 인식 전 장부금액 = ₩6,400 - ₩6,400 × 1/4 = ₩4,800

(4) X2년 말 손상회복 인식 후 장부금액 = Min[₩6,800, **₩6,000**] = ₩6,000

X1년에 손상차손을 인식하지 않았을 때 X2년 말 장부금액 = ₩10,000 - ₩10,000 × 2/5

= **₩6,000**

07 정답 ④

해설 (1) X1년 말 손상차손 인식 전 장부금액 = ₩120,000 - ₩120,000 × 1/3 = ₩80,000

(2) X1년 말 손상차손 인식 후 장부금액 = Min[₩68,000, ₩80,000] = ₩68,000

(3) X2년 말 손상회복 인식 전 장부금액 = ₩68,000 - ₩68,000 × 1/2 = ₩34,000

(4) X2년 말 손상회복 인식 후 장부금액 = Min[₩52,000, **₩40,000**] = ₩40,000

X1년에 손상차손을 인식하지 않았을 때 X2년 말 장부금액

= ₩120,000 - ₩120,000 × 2/3 = **₩40,000**

(5) 손상차손환입액 = ₩40,000 - ₩34,000 = ₩6,000

08 정답 ①

해설 ② 전기 재평가손실 ₩10,000을 회복(재평가이익 ₩10,000 발생)하고 나머지 ₩20,000은 재평가잉여금으로 처리한다. 즉, 당기순이익이 ₩10,000 증가하고 기타포괄손익이 ₩20,000 증가한다.

③ 전기 잔액은 ₩0이고 당기에 재평가잉여금 ₩20,000을 인식하였으므로 X2년 말 잔액은 ₩20,000이다.

④ 토지에 재평가모형을 적용하므로 X2년 말 재무상태표상 토지 금액은 그 공정가치인 ₩120,000이다.

09 정답 ③

해설 (1) X1년 재평가 전 장부금액 = ₩21,000 - ₩300 = ₩20,700

(2) X1년 재평가잉여금 = ₩22,000 - ₩20,700 = ₩1,300

(3) X1년 재평가 후 장부금액 = ₩22,000

(4) X2년 재평가 전 장부금액 = ₩22,000 - ₩1,000 = ₩21,000

(5) X2년 재평가손실 = ₩21,000 - ₩15,000 - **₩1,300(재평가잉여금)** = ₩4,700

10 정답 ④

해설 **금융자산은 적격자산에 해당하지 않는다.**

CHAPTER 09	유형자산 [3]	본문 p.72

01 ④	02 ③	03 ②	04 ①	05 ③	06 ②	07 ④	08 ①	09 ①	10 ④

01

정답 ④

해설 기업의 영업 전부 또는 일부를 재배치하거나 재편성하는 과정에서 발생하는 원가는 **유형자산의 취득이 완전히 이루어진 후에 발생하는 원가**이므로 유형자산의 **취득원가에 포함되지 않는다.**

02

정답 ③

해설 **장기후불조건**으로 구입하였을 경우 **현금거래가격(현재가치)을 원가로 보아 유형자산으로 인식**하고, 실제 지급액과의 차액은 만기까지 이자비용으로 처리한다.

03

정답 ②

해설 (1) 토지 위에 지출된 것 중에서 영구적인 경우는 토지의 원가로, 그렇지 않은 경우에는 구축물로 인식한다.

(2) '구건물 철거비' 항목을 보아, 토지와 건물을 일괄취득한 후에 건물을 즉시 철거한 상황이다. 따라서 일괄취득 구입대금을 안분하지 않고 전부 토지의 취득원가로 간주한다. 한편, 구건물 철거비 및 부산물 매각대금은 토지의 취득원가에 가감한다.

내역	금액(₩)
구건물 포함 토지 매입대금	3,000
구건물 철거비	500
구건물 철거 시 발생한 고철 매각대금	(300)
울타리 공사비	
토지 진입로 공사비	1,000
신건물 건설 계약금	
계	4,200

04

정답 ①

해설 (1) X3년 1월 1일 기계장치 장부금액 = ₩1,500,000 - ₩1,500,000 × 2/5 = ₩900,000

(2) X3년 유형자산 처분손익 = ₩1,210,000 - ₩900,000 = ₩310,000 처분이익

05

정답 ③

해설 (1) 정부보조금을 제외한 기계장치 감가상각대상금액 = ₩200,000 - ₩20,000 = ₩180,000

(2) X3년 12월 31일까지 누적 감가상각비 = ₩180,000 × 2.5/5 = ₩90,000

X1년 7월 1일부터 X3년 12월 31일까지의 기간: 2년 6개월

(3) X3년 12월 31일 기계장치 순장부금액 = ₩200,000 - ₩20,000 - ₩90,000 = ₩90,000

06 정답 ②

해설 (1) X1년 초 구축물의 취득원가 = ₩300,000 + ₩2,820 = ₩302,820

(2) X1년 말 복구충당부채 관련 이자비용(전입액) = ₩2,820 × 10% = ₩282

(3) X1년 말 복구충당부채 = ₩2,820 + ₩282 = ₩3,102

(4) X1년 말 당기총비용 = 구축물 감가상각비 + 복구충당부채 관련 이자비용

= (₩302,820 - ₩30,000)/10 + ₩282 = ₩27,564

07 정답 ④

해설 감가상각의 본질은 합리적이고 체계적인 원가의 배분과정이다. 즉, 공정가치의 변동을 반영하기 위함이 아니라 **자산의 합리적인 소비행태를 반영하기 위한 것이다.**

08 정답 ①

해설 (1) X3년 당기손익 = **₩10,000(취득원가)** - ₩9,500 = ₩500 손실

(2) X3년 총포괄손익 = **₩11,300(전기 말 공정가치)** - ₩9,500 = ₩1,800 손실

09 정답 ①

해설 (1) X1년 감가상각비 = ₩1,000,000/5 = ₩200,000

(2) X1년 말 재평가 전 장부금액 = ₩1,000,000 - ₩200,000 = ₩800,000

(3) X1년 재평가잉여금 = ₩960,000 - ₩800,000 = ₩160,000

X1년 말 재무상태표상 기계장치 금액: ₩960,000

(4) **X2년 감가상각비** = ₩960,000/4 = ₩240,000

(5) X2년 말 재평가 전 장부금액 = ₩960,000 - ₩240,000 = ₩720,000

(6) **X2년 재평가손실** = ₩720,000 - ₩540,000 - **₩160,000(재평가잉여금)** = ₩20,000

X2년 손상인식 전 기계장치 장부금액: ₩540,000

(7) **X2년 손상차손** = ₩540,000 - ₩420,000 = ₩120,000

X2년 말 재무상태표상 기계장치 금액: ₩420,000

(8) X2년 당기총비용 = X2년 감가상각비 + X2년 재평가손실 + X2년 손상차손 = ₩380,000

10 정답 ④

해설 전기에 재평가잉여금을 계상한 경우 **전기 평가손실은 존재하지 않는다.** 따라서 **당기평가이익 전부를 재평가잉여금으로 계상**한다.

CHAPTER 10 투자부동산

본문 p.76

01 ③	02 ③	03 ②	04 ①	05 ④	06 ②	07 ②	08 ④	09 ①	10 ④

01 정답 ③

해설 금융리스로 제공하고 있는 토지는 재무상태표상 **금융리스자산으로 별도 계상**한다. 한편, 금융리스를 통해 보유하고 운용리스로 제공하고 있는 토지는 투자부동산으로 분류됨에 주의한다.

02 정답 ③

해설 ①, ②, ④는 모두 **유형자산**으로 분류한다.

03 정답 ②

해설 투자부동산을 공정가치모형으로 후속 측정하는 경우 **감가상각비를 인식하지 않는다.**

04 정답 ①

해설 투자부동산을 공정가치모형으로 후속 측정하는 경우 감가상각비를 인식하지 않고, 공정가치 변동은 당기손익으로 인식한다.

평가손실 = ₩1,000,000 - ₩890,000 = ₩110,000(당기손실)

05 정답 ④

해설 투자부동산의 공정가치 변동은 당기손익으로 인식한다.

당기손익 = (₩130,000 - ₩113,000) + (₩110,000 - ₩118,000) + (₩67,500 - ₩55,000)
= ₩21,500 이익

06 정답 ②

해설 (1) 원가모형 적용 시 X1년 말 감가상각비 = ₩1,000,000/10 = ₩100,000

(2) 공정가치모형 적용 시 X1년 말 평가손실 = ₩1,000,000 - ₩930,000 = ₩70,000

따라서 **원가모형 적용 시 비용이 더 크게 계산**되므로, 공정가치모형보다 **당기순이익이 ₩30,000 더 작다.**

07 정답 ②

해설 원가모형을 적용하는 투자부동산에 대하여 기말 감가상각비를 인식하되, 공정가치 평가는 하지 않는다.

당기총비용 = ₩200,000/5 = ₩40,000

08 정답 ④

해설 (1) X1년 말 감가상각비 = ₩100,000/5 = ₩20,000

(2) X1년 말 재평가잉여금 = ₩97,000 - (₩100,000 - ₩20,000) = ₩17,000

(3) X2년 초 투자부동산 대체에 따른 재평가손익
= ₩73,000 - ₩97,000 + **₩17,000(재평가잉여금)** = ₩7,000 손실

(4) X2년 초 투자부동산 평가손익 = ₩93,000 - ₩73,000 = ₩20,000 이익

09 정답 ①

해설 (1) X1년 말 재고자산 저가평가손실 = ₩100,000 - **₩97,000(순실현가능가치)** = ₩3,000

(2) X2년 초 투자부동산 대체손익 = ₩82,000 - ₩97,000 = ₩15,000 손실

(3) X2년 말 투자부동산 평가손익 = ₩93,000 - ₩82,000 = ₩11,000 이익

10 정답 ④

해설 재고자산을 공정가치로 평가하는 투자부동산으로 대체하는 경우 장부금액과 공정가치의 차액을 **당기손익**으로 처리한다.

CHAPTER 11 무형자산 [1]

본문 p.80

01 ②	02 ④	03 ①	04 ③	05 ④	06 ①	07 ②	08 ④	09 ②	10 ③

01

정답 ②

해설 ① 내부 프로젝트에서 연구단계와 개발단계로 구분할 수 없는 지출은 모두 **연구단계에서 발생한 것으로 보고 당기비용으로 인식**한다.

③ 무형자산은 **처분하는 때나 무형자산의 사용이나 처분으로부터 미래 경제적 효익이 기대되지 않을 때 재무상태표에서 제거**한다.

④ 브랜드, 제호, 출판표제, 고객목록 및 이와 실질이 유사한 항목은 항상 발생 시점에 당기손익으로 인식한다. 왜냐하면 **그러한 지출은 사업을 전체적으로 개발하기 위한 지출과 구분할 수 없기 때문**이다.

02

정답 ④

해설 합병 시 피합병법인의 순자산의 공정가치와 합병법인이 지출한 이전대가의 차액은 영업권으로, 별도의 '사업결합'기준서를 적용한다. 다만, 무형자산으로 분류하여 공시 가능하다.

구분	금액
미래경제적효익을 창출할 것으로 기대되는 고객관계 개선 관련 프로젝트에 대한 지출	당기비용
배타적 통제가능성을 획득한 품질 향상 제조기법에 대한 지출	₩10,500
기계장치와 함께 구입한 기계장치 제어 소프트웨어 프로그램	**유형자산**
영업권	₩120,000
계	₩130,500

재무상태표상 무형자산 = ₩10,500 + ₩120,000 = ₩130,500

03

정답 ①

해설 **제조기업이 제품을 생산하는 과정에서 발생한 상각비는 제조원가로 인식된다.** 즉, 상각비가 재고자산의 일부로 계상되었다가 재고자산 판매 시점에 매출원가로 인식되는 것이다.

04

정답 ③

해설 ① **무형자산도 재평가모형을 적용한다.** 다만, 활성거래시장이 없는 경우에 대한 규정만은 차이가 있다.

② 내용연수가 비한정인 무형자산은 **매년 손상 검사**를 수행해야 한다.

④ 내용연수가 비한정인 무형자산의 내용연수가 유한한 것으로 다시 추정되는 경우 **감가상각한다.**

05

정답 ④

해설 신제품을 홍보하기 위해 지출한 금액은 당기비용으로 인식한다.

X1년 말 무형자산상각비 = ₩12,000/5 × **9/12** = ₩1,800

06

정답 ①

해설 (1) X1년 말 재평가 전 특허권 장부금액 = ₩1,000,000 - ₩1,000,000/5 = ₩800,000

(2) X1년 말 재평가손실 = ₩800,000 - ₩640,000 = ₩160,000

(3) X2년 말 재평가 전 특허권 장부금액 = ₩640,000 - ₩640,000/4 = ₩480,000

(4) X2년 말 재평가이익 = ₩500,000 - ₩480,000 = ₩20,000

따라서 당기순손실은 ₩140,000(상각비 ₩160,000 - 재평가이익 ₩20,000), 재평가잉여금은 ₩0 이다.

07

정답 ②

해설 내용연수가 **비한정인** 무형자산은 손상 징후가 있는지에 관계없이 매년 손상 검사를 수행한다.

08

정답 ④

해설 내부 프로젝트에서 연구단계와 개발단계로 구분할 수 없는 지출은 모두 **연구단계에서 발생한 것으로 보고 당기비용으로 인식**한다.

구분	금액
새로운 지식을 얻고자 하는 활동에 대한 지출	₩10,000
생산이나 사용 전의 시제품과 모형을 시험하는 활동에 대한 지출	개발비
상업적 생산 목적으로 실현 가능한 경제적 규모가 아닌 시험 공장을 가동하는 지출	개발비
내부 프로젝트에서 연구단계와 개발단계로 구분할 수 없는 지출	₩20,000
계	₩30,000

09

정답 ②

해설 **영업권 = 이전대가 - 피합병법인의 순자산 공정가치** = ₩30,000

10

정답 ③

해설 (1) ㈜민국(피합병법인)의 순자산 공정가치

= ₩1,000,000 + **(₩200,000 - ₩120,000)** - ₩800,000

= ₩280,000

(2) 영업권 = ₩300,000 - ₩280,000 = ₩20,000

CHAPTER 11	무형자산 [2]	본문 p.84

본문 p.84

01 ④	02 ②	03 ④	04 ①	05 ③	06 ②	07 ④	08 ①	09 ③	10 ①

01

정답 ④

해설 내부 프로젝트의 연구단계에 대한 지출은 **항상 발생 시점에 당기비용으로 인식한다.**

02

정답 ②

해설 ① 라이선스라고 해서 항상 일정 기간 동안 상각하는 것은 아니다. 만일 **라이선스의 내용연수를 한정할 수 없는 경우 상각하지 않는다.**

③ 내부 프로젝트의 개발단계에 대한 지출이라도 **엄격한 요건을 충족한 경우에만** 무형자산으로 인식한다.

④ 숙련된 종업원으로부터 발생하는 미래 경제적 효익에 대한 통제 능력이 충분하지 않을 것이므로 **무형자산으로 인식하지 않는다.**

03

정답 ④

해설 기업회계기준이 무형자산의 상각기간을 구체적으로 정하고 있는 것은 아니다. 다만, **경제적 내용연수와 법적 내용연수 중 짧은 기간으로 한다.**

04

정답 ①

해설 X1년 중에 지출한 것은 무형자산 인식기준을 충족하기 전이므로 발생 시점에 비용으로 처리한다.

무형자산 상각비 = ₩120,000/4 × **8/12** = ₩20,000

05

정답 ③

해설 **무형자산의 재평가모형에서 활성시장이 없는 경우 재평가를 할 수 없다.** 따라서 원가에서 상각누계액과 손상차손누계액을 차감한 금액으로 표시한다.

06

정답 ②

해설 개발활동 관련 지출 중 50%만이 무형자산 인식기준을 충족하였다는 점에 주의한다.

구분	금액
새로운 지식을 얻고자 하는 활동	₩30,000
연구 결과나 기타 지식을 탐색, 평가, 응용하는 활동	₩230,000
재료, 장치, 제품, 공정, 시스템이나 용역에 대한 여러 가지 대체안을 탐색하는 활동	₩125,000
상업적 생산 목적으로 실현 가능한 경제적 규모가 아닌 시험 공장을 설계하는 활동	개발비

따라서 X1년 당기비용은 ₩491,500(₩30,000 + ₩230,000 + ₩125,000 + **₩213,000 × 50%**)이다.

07 정답 ④

해설 (1) X1년 재평가 전 산업재산권 장부금액 = ₩100,000 - ₩100,000/5 = ₩80,000

(2) X1년 재평가잉여금 = ₩88,000 - ₩80,000 = ₩8,000

08 정답 ①

해설 영업권 ₩1,000 = 인수대가 ₩10,000 - (자산의 공정가치 - 부채의 공정가치 ₩30,000) × **90%**

따라서 자산의 공정가치는 ₩40,000이다.

09 정답 ③

해설 염가매수차익은 인수대가가 순자산 공정가치보다 더 작을 때 인식하는 당기손익 항목이다.

(1) 순자산 공정가치 = {₩500,000 + **(₩170,000 - ₩120,000)**} - ₩100,000 = ₩450,000

(2) 인수대가 = **보통주 × 주당 공정가치** = ₩400,000

(3) 염가매수차익 = ₩50,000

10 정답 ①

해설 발생 시점에 비용으로 인식된 무형자산 관련 지출은 그 이후에 무형자산의 원가로 **인식될 수 없다.**

CHAPTER 12	금융부채 [1]	본문 p.88

01 ③	02 ②	03 ①	04 ④	05 ②	06 ①	07 ③	08 ②	09 ④	10 ③

01 정답 ③

해설 선수금은 향후 금융상품으로 결제되지 않기 때문에 **금융부채가 아니다.**

02 정답 ②

해설 사채를 할증발행한 경우 이자비용은 **현금지급액에 사채할증발행차금 상각액을 차감하여 구한다.**

03 정답 ①

해설 **사채할인발행차금 상각액 및 사채할증발행차금 상각액은 모두 매 기간 증가한다.**

04 정답 ④

해설 (1) 할인발행 시 X1년 말 이자비용 = X1년 할인발행차금 상각액 + 액면이자

(2) 할인발행 시 **X1년 말** 사채의 장부금액

= 액면금액 - (**X2년 말**부터 만기까지의 할인발행차금 상각액)

① X2년 말 이자비용 = ₩31,888 + ₩80,000 = ₩111,888

② X1년 초 사채의 장부금액 = ₩1,000,000 - (₩28,471 + ₩31,888 + ₩35,713) = ₩903,928

③ 사채를 할인발행하는 경우 유효이자율은 액면이자율보다 크다.

④ X1년 말 현금지급액 = ₩80,000(액면이자)

05 정답 ②

해설 X1년 초 사채 발행금액 = ₩1,000,000(액면금액) × 0.7 + ₩80,000(액면이자) × 2.4

= ₩892,000

06 정답 ①

해설 (1) 실제 발행금액 = ₩95,200 - ₩1,000 = ₩94,200

(2) **만기까지 이자비용 총액 = (액면금액 + 만기까지 액면이자 총액) - 실제 발행금액**

= (₩100,000 + ₩100,000 × 8% × 3년) - ₩94,200 = ₩29,800

07 정답 ③

해설 X1년 할인발행차금상각액 = ₩92,550 - ₩90,500

= ₩90,500 × 10% - ₩100,000 × **연간 액면이자율**

= ₩2,050

∴ 연간 액면이자율 = 7%

08 정답 ②

해설 (1) X1년 말 사채장부금액 = ₩900,500 + (₩900,500 × 10% - ₩1,000,000 × 6%) = ₩930,550

(2) X2년 초 사채상환손익 = ₩930,550 - ₩950,000 = ₩19,450 손실

09 정답 ④

해설 **동 사채의 이자지급일은 매년 말**이다. 따라서 상환금액은 액면이자 지급액을 포함하기 때문에 **순수한 사채 상환금액**을 따로 구해야 한다.

(1) 사채상환이익 = 사채 장부금액 - 순수한 사채 상환금액

= **사채 장부금액** - (₩108,000 - ₩100,000 × 10%)

= ₩15,000

(2) **사채장부금액** = ₩113,000

10 정답 ③

해설 ① ㈜한국의 사채할인발행차금 상각액 = ₩900,500 × 10% - ₩1,000,000 × 6% = ₩30,050

② ㈜한국의 이자비용 = ₩900,500 × 10% = ₩90,050

③, ④ (1) ㈜민국의 X1년 말 금융자산 장부금액

= ₩900,500 + (₩900,500 × 10% - ₩1,000,000 × 6%)

= ₩930,550

(2) ㈜민국의 X2년 초 금융자산처분손익 = ₩940,000 - ₩930,550 = ₩9,450 이익

CHAPTER 12 금융부채 [2]

본문 p.92

01 ①	02 ③	03 ②	04 ③	05 ④	06 ②	07 ④	08 ②	09 ③	10 ①

01

정답 ①

해설 **사채할인발행차금 상각액 및 사채할증발행차금 상각액은 모두 매 기간 증가한다.**

02

정답 ③

해설 ③ X1년 12월 31일 사채 장부금액 = ₩87,320 + (₩87,320 × 10% - ₩100,000 × 6%)
= ₩90,052

④ **만기까지 이자비용 총액 = (액면금액 + 만기까지 액면이자 총액) - 실제 발행금액**
= {₩100,000 + (₩100,000 × 6% × 4년)} - ₩87,320
= ₩36,680

03

정답 ②

해설 (1) X1년 말 사채장부금액 = ₩1,050,000 + (₩1,050,000 × 10% - ₩1,000,000 × 12%)
= ₩1,035,000

(2) X2년 초 사채상환손익 = ₩1,035,000 - ₩950,000 = ₩85,000 이익

04

정답 ③

해설 사채 할인발행 시 사채발행비는 **사채 발행금액을 감소시키고** 사채할인발행차금을 증가시킨다.

05

정답 ④

해설 (1) 만기까지 이자비용 총액 = {₩100,000 + (₩100,000 × 8% × 3년)} - ₩105,344 = ₩18,656

(2) 만기까지 이자비용 총액 = 만기까지 액면이자 총액 - 사채할증발행차금 상각액 총액
= ₩24,000 - ₩5,344 = ₩18,656

어느 방법을 사용하든지 그 결과는 동일하다.

06

정답 ②

해설 (1) X1년 1월 1일 사채 발행금액 = ₩100,000 × 0.75 + ₩12,000 × 2.5 = ₩105,000

(2) X1년 12월 31일 사채장부금액 = ₩105,000 + (₩105,000 × 10% - ₩100,000 × 12%)
= ₩103,500

(3) X2년 사채 이자비용 = ₩103,500 × 10% = ₩10,350

07

정답 ④

해설 (1) X2년 1월 1일 사채장부금액 = X2년 12월 31일 장부금액 - X2년 사채할인발행차금상각액
= ₩500,000

(2) X2년 이자비용 = ₩500,000 × **유효이자율** = ₩60,000

∴ 유효이자율 = 12%

08 정답 ②

해설 (1) X3년 1월 1일 사채의 장부금액 = ₩94,920 + ₩19,200 - ₩100,000 × 8% × 2 = ₩98,120

(2) 사채의 상환손실 = 사채의 상환가액 - 사채의 장부금액
= ₩100,000 - ₩98,120
= ₩1,880

09 정답 ③

해설 ① X1년 초 사채할증발행차금 = 발행금액 ₩112,434 - 액면금액 ₩100,000 = ₩12,434

② X1년 말 사채할증발행차금 환입액 = ₩100,000 × 15% - ₩112,434 × 10% = ₩3,756.6

③ (1) X1년 말 사채장부금액 = ₩112,434 - ₩3,757 = ₩108,677

(2) X2년 말 사채장부금액 = ₩108,677 + (108,677 × 10% - ₩100,000 × 15%)
= ₩104,544.7

(3) X2년 말 사채상환이익 = ₩104,545 - ₩100,000 = ₩4,545

④ X2년 말 이자비용 = ₩108,677 × 10% = ₩10,867.7

10 정답 ①

해설 (1) X1년 말 사채 장부금액 = ₩1,050,000 + (₩1,050,000 × 10% - ₩1,000,000 × 12%)
= ₩1,035,000

(2) X2년 초 사채상환손실 = **현금지급액** - ₩1,035,000 = ₩8,000

∴ 현금지급액 = ₩1,043,000

CHAPTER 13	충당부채와 종업원급여	본문 p.96

본문 p.96

01 ①	02 ②	03 ③	04 ④	05 ③	06 ②	07 ④	08 ①	09 ②	10 ③

01 정답 ①

해설 충당부채로 인식할 수 있는 현재의 의무는 **법적의무와 의제의무를 모두 포함한다.**

02 정답 ②

해설 ① **우발부채**는 자원의 유출가능성을 최초 인식시점에 판단하고 이를 **지속적으로 평가**한다.

③ 불법적인 환경오염으로 인한 환경정화비용의 경우에는 기업의 미래 행위에 관계없이 그 의무의 이행에 경제적 효익을 갖는 자원의 유출이 수반되므로 **충당부채로 인식한다.**

④ 입법 예고된 법규의 세부사항이 아직 확정되지 않은 경우에는 당해 법규안대로 제정될 것이 **거의 확실한 때**에만 의무가 발생한 것으로 본다.

03 정답 ③

해설 ① 제3자와 연대하여 의무를 지는 경우, **이행할 전체 의무 중 제3자가 이행할 것으로 예상되는 부분을 우발부채로 인식한다.**

② **다수의 항목**과 관련된 충당부채를 측정하는 경우, **가능한 모든 결과와 확률을 가중 평균**하여 추정한다.

④ 충당부채의 현재가치 평가 시 적용할 할인율은 **세전 이자율**이다.

04 정답 ④

해설 경제적 효익을 갖는 자원의 유출가능성이 높으나 금액을 신뢰성 있게 추정할 수 없는 경우에는 **우발부채로 공시**한다.

05 정답 ③

해설 문제에서 측정의 신뢰성은 담보하고 있으므로, 나머지 충당부채 인식기준을 모두 충족하는지 확인해야 한다.

판단	금액
ㄱ. '판매'라는 과거 사건의 결과로 '보증수리'라는 현재 의무를 부담하므로 충당부채를 인식한다.	₩1,000,000
ㄴ. '구조물의 설치'라는 과거 사건의 결과로 '복구'라는 현재 의무를 부담하므로 충당부채를 인식한다.	₩300,000
ㄷ. 경제적 효익을 갖는 자원의 유출가능성이 아주 낮으므로 충당부채를 인식하지 않는다.	–
계	₩1,300,000

06 정답 ②

해설 누적 유급휴가는 종업원이 근로를 제공한 시점에 가득 여부와 관계없이 **보고기간 말 예상되는 금액을 부채와 비용으로 인식한다.** 한편, 비누적 유급휴가는 종업원이 실제로 유급휴가를 사용하기 전까지 부채나 비용으로 인식하지 않는다.

07 정답 ④

해설 순확정급여부채(자산)의 재측정요소는 **기타포괄손익으로 인식하고, 당기손익으로 재분류하지 않는다.**

08 정답 ①

해설 퇴직한 종업원에게 지급한 금액은 확정급여채무와 사외적립자산을 동시에 감소시키므로 순확정급여채무에 영향을 미치지 않는다.

순확정급여부채 = (₩200,000 - ₩120,000) + ₩20,000 - ₩50,000 = ₩50,000

09 정답 ②

해설 ① 확정급여제도에서 확정급여채무의 할인율은 **보고기간 말 현재 우량회사채의 시장수익률**을 참조하여 결정한다.

③ 확정기여제도에서 기업의 현재의무는 **기금에 출연하기로 약정한 금액에 한정**한다. 한편, 확정급여제도에서 기업의 현재의무는 종업원에게 지급하기로 약정한 급여로 한정한다.

④ 확정기여제도에서 **종업원**이 투자위험을 부담한다.

10 정답 ③

해설 사외적립자산에 대한 정보가 주어지지 않았으므로 그 금액을 ₩0으로 간주한다.

X1년 말 확정급여채무 = ₩250,000 + ₩40,000 - 퇴직금지급액 + **₩250,000 × 5%(이자비용)**

= ₩170,000

퇴직금지급액 = ₩132,500

CHAPTER 14	자본 [1]	본문 p.100

01 ②	02 ①	03 ③	04 ④	05 ③	06 ①	07 ④	08 ②	09 ②	10 ④

01

정답 ②

해설 자본은 손익거래와 자본거래를 통해 변동하므로, 기초자본 및 기말자본의 차액에 손익거래 정보를 반영하여 자본출자액을 구한다.

구분	내용	금액
기초자본	₩600,000 − ₩120,000	₩480,000
손익거래	₩210,000 − ₩150,000	₩60,000
자본출자	₩550,000 − (₩480,000 + ₩60,000)	
기말자본	₩650,000 − ₩100,000	₩550,000

02

정답 ①

해설 주식배당은 자본총액의 변동에 영향을 미치지 않는다.

구분	내용	금액
기초자본	₩30,000 − ₩12,000	₩18,000
유상증자	10주×₩200	₩2,000
현금배당		(₩1,000)
순이익		₩2,500
기타포괄손익	₩36,500 − (₩18,000 + ₩2,000 − ₩1,000 + ₩2,500)	
기말자본	₩47,500 − ₩11,000	₩36,500

03

정답 ③

해설 자본잉여금에 해당하는 항목만 계산한다.

구분	계정과목	금액
자본금	보통주 자본금	
	우선주 자본금	
자본조정	자기주식	
이익잉여금	이익준비금	
	사업확장적립금	
	미처분이익잉여금	
자본잉여금	자기주식처분이익	₩3,870,000
	주식발행초과금	₩4,200,000
	감자차익	₩1,130,000
계		₩9,200,000

04 정답 ④

해설 (1) 보통주 주식수 = ₩500,000/₩10,000 = 50주

(2) 우선주 배당액 = ₩100,000 × 5% = ₩5,000

(3) 보통주 배당액 = ₩60,000 - ₩5,000 = ₩55,000

(4) 보통주 주당 배당액 = ₩55,000/50주 = ₩1,100

05 정답 ③

해설 ① **주식발행과 직접 관련된 비용은 주식발행가격에서 차감된다.** 즉, 주식발행초과금이나 주식할인발행차금으로 계상된다. 한편, 주식발행과 관련된 간접비용은 당기손익으로 처리한다.

② 주식발행초과금이 발생한 경우 주식할인발행차금과 먼저 상계하고 주식발행초과금을 인식하므로 주식할인발행차금의 현재 잔액은 ₩0이다.

③ 자본증가액 = 1,000주 × ₩10,000 - ₩700,000 = ₩9,300,000

④ 주식발행초과금

= 1,000주 × (₩10,000 - ₩5,000) - ₩700,000 - **₩270,000(주식할인발행차금)**

= ₩4,030,000

06 정답 ①

해설 자기주식처분손실은 재무상태표상 자본조정 항목이다. 즉, 손익거래가 아닌 자본거래이므로 포괄손익계산서의 **당기비용으로 처리할 수 없다.**

07 정답 ④

해설 자기주식을 매입하면 총 발행주식수는 동일하나 유통주식수가 감소한다. 그리고 매입한 자기주식을 소각하면 총 발행주식수가 줄어든다. 반면 자기주식을 다시 매도하는 경우 총 발행주식수는 변함이 없고 유통주식수가 증가한다.

유통주식수 = (1,200주 감소) + 400주 증가 = (800주 감소)

이 경우 자기주식을 매입할 때 유통주식수가 감소하였으므로, **자기주식을 소각하는 것은 유통주식수에 추가적인 영향을 미치지 않는다.**

08 정답 ②

해설 자기주식거래를 통한 현금의 유·출입 금액이 자본총액에 영향을 미친다.

(1) 설립자본 = 1,000주 × ₩500 = ₩500,000 증가

(2) 자기주식 매입 = 200주 × ₩600 + 150주 × ₩700 = ₩225,000 감소

(3) 자기주식 처분 = 100주 × ₩850 + 100주 × ₩750 = ₩160,000 증가

자본총액 = ₩500,000 - ₩225,000 + ₩160,000 = ₩435,000

09 정답 ②

해설 **주식분할은** 발행주식수가 증가하고 주당 액면금액이 감소하므로 **자본금은 변하지 않는다.** 무상증자의 경우 자본금이 증가한다.

10 정답 ④

해설 주식배당과 이익준비금의 적립은 자본총액의 변동에 영향을 미치지 않는다.

구분	내용	금액
기초자본		₩1,000,000
당기순이익		₩150,000
유상증자	100주 × ₩1,500 − ₩10,000	₩140,000
자기주식취득	10주 × ₩1,200	(₩12,000)
자기주식처분	10주 × ₩2,500	₩25,000
현금배당		(₩20,000)
기말자본		₩1,283,000

CHAPTER 14	자본 [2]	본문 p.104

01 ④	02 ④	03 ③	04 ①	05 ④	06 ③	07 ②	08 ①	09 ③	10 ②

01

정답 ④

해설 자산변동액과 부채변동액의 차이가 자본변동액이다.

구분	내용	금액
자본변동액	₩180,000 − ₩30,000	₩150,000
유상증자		₩100,000
재평가잉여금		₩20,000
당기순이익	**₩150,000 − ₩100,000 − ₩20,000**	

02

정답 ④

해설 주식배당은 자본총액의 변동에 영향을 미치지 않는다.

구분	내용	금액
자본변동액	₩120,000 − ₩40,000	₩80,000
유상증자		₩25,000
현금배당		(₩10,000)
기타포괄손익		₩20,000
당기순이익	**₩80,000 − ₩25,000 + ₩10,000 − ₩20,000**	

03

정답 ③

해설 **미교부주식배당금은 자본조정 항목으로서 유일하게 자본총액에 가산된다.**

구분	계정과목	금액
자본금		₩80,000
자본조정	자기주식	(₩20,000)
	미교부주식배당금	**₩25,000**
이익잉여금	미처분이익잉여금	₩40,000
	이익준비금	₩17,000
자본잉여금	주식발행초과금	₩10,500
계		₩152,500

04

정답 ①

해설 주식발행초과금은 **자본잉여금** 항목에 포함된다.

05 정답 ④

해설 (1) 우선주 A 배당액 = ₩150,000 × 10% = ₩15,000

(2) 우선주 B 배당액 = 누적분 + 당기분 및 참가분 = ₩37,500

누적분 = ₩300,000 × 5% × 1회 = ₩15,000

당기분 및 참가분

= {(₩90,000 - ₩15,000 - ₩15,000) × ₩300,000}/(₩500,000 + ₩300,000)

= ₩22,500

(3) 보통주 배당액

= {(₩90,000 - ₩15,000 - ₩15,000) × ₩500,000}/(₩500,000 + ₩300,000)

= ₩37,500

③ **우선주에 먼저 배당을 지급한 다음 보통주에게 배당한다.**

06 정답 ③

해설 주식발행초과금 = 100주 × (₩10,000 - ₩5,000) - ₩10,000 - ₩240,000 = ₩250,000

07 정답 ②

해설 (1) X1년 3월 1일 감자차익 = 1,000주 × (₩1,000 - ₩800) = ₩200,000

(2) X1년 8월 1일 감자차손 = 1,000주 × (₩1,500 - ₩1,000) = ₩500,000

(3) X1년 8월 1일 감자차손 잔액 = ₩500,000 - ₩200,000 = ₩300,000

08 정답 ①

해설 자본잉여금에 영향을 주는 거래만 반영해야 한다.

(1) X1년 1월 유상증자: 주식발행초과금 ₩500,000 증가

(2) X1년 2월 현금배당 결의: 미처분이익잉여금(이익잉여금 항목) 감소, 미지급배당금**(부채 항목)** 증가

(3) X1년 3월 자기주식 매입: 자기주식(자본조정 항목) 증가

(4) X1년 4월 현금배당 지급: 미지급배당금(부채 항목) 감소

(5) X1년 6월 자기주식 처분: 자기주식처분이익 ₩100,000 증가

∴ X1년 말 자본잉여금 = ₩1,000,000 + ₩500,000 + ₩100,000 = ₩1,600,000

09 정답 ③

해설 주식분할의 경우 **자본총액과 자본금은 모두 변하지 않고**, 액면금액과 주식수만 달라진다.

10 정답 ②

해설 ① 미처분 이익잉여금(이익잉여금 항목) 감소, 미지급배당금(부채 항목) 증가

② 현금(자산 항목) 감소, 기계장치(자산 항목) 증가, 미지급금(부채 항목) 증가

③ 현금(자산항목) 감소, 임차료(비용 항목 → **이익잉여금 항목으로 집합**) 발생

④ 상품(자산 항목) 감소, 손상차손(비용 항목 → **이익잉여금 항목으로 집합**) 발생

CHAPTER 14	자본 [3]	본문 p.108

01 ③	02 ①	03 ②	04 ④	05 ④	06 ③	07 ②	08 ④	09 ①	10 ②

01 정답 ③

해설 순자산은 총자산에서 총부채를 차감한 금액이다.

구분	내용	금액
기초순자산	**₩250,000 − ₩130,000 + ₩20,000**	
현금배당		(₩20,000)
총포괄이익		₩130,000
기말순자산	₩600,000 − ₩350,000	₩250,000

02 정답 ①

해설 확정급여제도의 재측정요소는 후속 기간에 **당기손익으로 재분류하지 않는다**. 다만, 이익잉여금으로 직접 대체할 수 있다.

03 정답 ②

해설 (1) 우선주 A 배당액 = ₩100,000 × 10% = ₩10,000

(2) 우선주 B 배당액 = 누적분 + 당기분 및 참가분 = ₩34,000

- 누적분 = ₩100,000 × 10% × 2회 = ₩20,000
- 당기분 및 참가분

= {(₩100,000 - ₩10,000 - ₩20,000) × ₩100,000}/(₩400,000 + ₩100,000)

= ₩14,000

(3) 보통주 배당액

= {(₩100,000 - ₩10,000 - ₩20,000) × ₩400,000}/(₩400,000 + ₩100,000)

= ₩56,000

04 정답 ④

해설 우선주 배당액 = 100주 × ₩5,000 × 10% × 3회 + 100주 × ₩5,000 × 10% = ₩200,000

05 정답 ④

해설 ① 자본총액은 ₩199,000(₩200,000 - **₩1,000**) 증가한다.

② 자본금은 ₩100,000(100주 × ₩1,000) 증가한다.

③ 자본잉여금은 ₩99,000(₩199,000 - ₩100,000) 증가한다.

06 정답 ③

해설 주식 발행과 관련된 직·간접원가 모두 **외부로 유출되는 금액이기 때문에 자본총액의 감소를 야기**시킨다.

자본총액의 변동 = 100주 × ₩1,500 - ₩3,000 - **₩1,000** = ₩146,000

07

정답 ②

해설 (1) 자본잉여금 = 주식발행초과금 + 자기주식처분이익 = ₩11,500,000

주식발행초과금 = 1,000주 × (₩3,000 - ₩1,000) + 1,000주 × (₩4,500 - ₩1,000)

= ₩5,500,000

자기주식처분이익 = 2,000주 × (₩5,000 - ₩2,000) = ₩6,000,000

(2) 자기주식 = 500주 × ₩2,000 = ₩1,000,000

08

정답 ④

해설 (1) 주식배당 = 1,000,000주 × ₩100 × 2% = ₩2,000,000

(2) 현금배당 = 1,000,000주 × ₩5 = ₩5,000,000

09

정답 ①

해설 ② 이익준비금과 같은 법정적립금을 적립하는 것은 배당가능이익을 줄이는 효과가 있을 뿐이므로, **실질적으로 금융기관에 현금을 예치하지 않는다.**

③ 매 결산기마다 현금배당액의 10% 이상에 준하는 금액을 **자본금**의 50%에 달할 때까지 이익준비금으로 적립해야 한다.

④ 주식을 할인발행한 경우에도 현금이 유입되기 때문에 **자본총액은 증가한다.**

10

정답 ②

해설 주식배당 및 이익준비금의 적립은 자본총액의 변동에 영향을 미치지 않는다.

구분	내용	금액
기초자본	₩400,000 − ₩100,000	₩300,000
유상증자		₩10,000
현금배당		(₩30,000)
당기순이익	**₩410,000 − (₩300,000 + ₩10,000 − ₩30,000)**	
기말자본	₩550,000 − ₩140,000	₩410,000

CHAPTER 15	수익인식 [1]	본문 p.112

본문 p.112

01 ②	02 ①	03 ③	04 ②	05 ④	06 ③	07 ①	08 ①	09 ②	10 ②

01 정답 ②

해설 하나의 수행의무만이 존재한다면 **거래 가격을 배분하는 과정을 거치지 않아도 된다.**

02 정답 ①

해설 고객과의 계약이 개시 시점에 그 식별 기준을 모두 충족한 경우 사실과 상황에 유의한 변동 징후가 없는 한 재검토하지 않는다. 즉, **유의적인 변동이 있다면 재검토**해야 한다.

03 정답 ③

해설 ① **고객에게 재화나 용역을 이전하는 활동이 아니라면 수행의무에 포함되지 않는다.**

② 일반적으로 재화는 한 시점에 수익을 인식하는 인도기준을, **용역은 기간에 걸쳐 수익을 인식하는 진행기준을 적용한다.**

④ **일련의 거래**는, 실질적으로 서로 같고 고객에게 이전하는 방식도 동일한 일련의 구별되는 재화나 용역이다. 따라서 **하나의 수행의무로 식별**한다.

04 정답 ②

해설 **계약에 유의적인 금융요소**를 고려할 때, 계약 개시 시점 이후에 시장 상황이 변하더라도 그 **할인율을 새로 수정하지 않는다.**

05 정답 ④

해설 할인액이 계약상 일부 수행의무에만 관련된 경우 **그 일부 수행의무에만 배분한다.**

06 정답 ③

해설 ① 수행의무의 진행률을 합리적으로 측정할 수 없다면 수행의무의 산출물을 합리적으로 측정할 수 있을 때까지 **발생원가 범위에서 수익을 인식**한다.

② 한 시점에 해당되는 수행의무는 고객이 약속된 자산을 통제하고 기업이 수행의무를 이행하는 시점에 **인도기준**으로 수익을 인식한다.

④ 수행의무의 진행률은 **매 보고기간 말마다 다시 측정한다.**

07 정답 ①

해설 총 거래가격에서 계약에서 약속한 그 밖의 재화나 용역의 관측 가능한 개별 판매가격의 합계를 차감하여 개별 판매가격을 추정하는 방법은 **잔여접근법**이다. 시장평가 조정 접근법은 재화와 용역을 판매하는 시장을 평가하여 그 시장에서 고객이 재화나 용역에 대해 지급하려는 가격을 추정하는 것이다.

08 정답 ①

해설 계약자산은 고객에게 대가를 받을 무조건적인 권리는 아니기 때문에 **재무상태표상 수취채권과 구분하여 표시**한다. 즉, 기업이 고객에게 이전한 재화나 용역에 대하여 그 대가를 받을 수 있는 권리이지만 그 권리에 시간의 경과 외의 조건이 있는 자산이다.

09 정답 ②

해설 제품 C의 거래가격 = ₩10,000 × {₩6,000/(₩5,000 + ₩4,000 + ₩6,000)} = ₩4,000

10 정답 ②

해설 약속된 대가 중 X1년 12월 31일까지 수령하지 못한 ₩7,000은 수취채권으로 인식한다. 다만, 상품은 X2년 중 고객이 정한 날까지 인도하기로 하였으므로 X1년 재무제표에는 수익이 아닌 계약부채를 인식한다.

(차) 현금	₩3,000	(대) **계약부채**	**₩10,000**
(차) 수취채권	₩7,000		

CHAPTER 15 수익인식 [2]

본문 p.116

01 ①	02 ④	03 ③	04 ②	05 ③	06 ④	07 ①	08 ③	09 ④	10 ②

01 정답 ①

해설 적송운임은 적송품을 판매 가능한 상태로 만들기 위해 발생한 지출이므로 **적송품의 원가로 처리한다.**

02 정답 ④

해설 (1) 매출액 = 50단위 × ₩10,000 × 70% = ₩350,000

(2) 매출원가 = (50단위 × ₩3,000 + ₩50,000) × 70% = ₩140,000

(3) 매출총이익 = ₩210,000

위탁판매의 매출액 계산 시 **수탁자에게 지급하는 수수료를 포함**한다는 점에 주의한다. 이는 추후 판매비와 관리비로 처리된다.

03 정답 ③

해설 반품이 예상되는 제품에 대하여 환불부채를 기록하고 **매출원가도 인식하지 않는다.** 그 대신에 제품을 회수할 권리에 대한 별도의 자산인 반환제품회수권을 인식한다.

04 정답 ②

해설 (1) 매출액 = 반품 기간 미경과분 ₩500,000 × (1 - 10%) = ₩450,000

(2) 매출원가 = ₩450,000 × 80% = ₩360,000

(3) 매출총이익 = ₩90,000

05 정답 ③

해설 ① 고객에게 상품권을 발행한 때 **현금수령액**을 계약부채로 인식하고, 향후 재화나 용역을 고객에게 이전하고 상품권을 회수하는 때 수익을 인식한다.

② 계약부채 중에서 고객이 행사하지 않을 것으로 예상되는 금액은 **수익으로 인식한다.**

④ 상품권을 할인발행하는 경우 **상품권의 액면금액과 현금수령액의 차액**을 상품권할인액 계정으로 인식한다.

06 정답 ④

해설 매출액 = 8매 × {₩20,000 × (1 - 10%)} - (8매 × ₩20,000 - ₩150,000) = ₩134,000

07 정답 ①

해설 재화를 판매한 후 설치하는 용역이 **재화와 구별되는 경우 별도의 수행의무로 보고** 수익을 인식한다.

08 정답 ③

해설 검사조건부판매에서 재화나 용역이 합의된 규격에 부합하는지 객관적으로 판단할 수 있는 경우 **고객의 인수여부와 무관하게 수익을 인식**한다.

09 정답 ④

해설 수익 = ₩600,000 + (₩1,000,000 - ₩600,000) × 50% = ₩800,000

10 정답 ②

해설 상품을 도착지 인도기준으로 판매하기로 계약하였으므로 **고객에게 도착한 때** 수익을 인식할 수 있다.

CHAPTER 15 수익인식 [3]

본문 p.120

01 ②	02 ④	03 ②	04 ③	05 ①	06 ④	07 ①	08 ②	09 ②	10 ④

01

정답 ②

해설 계약 당사자들이 그 활동이나 과정에서 생기는 위험과 효익을 공유한다면, 그 계약의 상대방은 **고객이 아니다. 즉, 한국채택국제회계기준 제1115호 '고객과의 계약에서 생기는 수익'을 적용할 수 없다.**

02

정답 ④

해설 식별 가능한 수행의무는 계약서에 기재된 재화와 용역에 **한정되지 않을 수 있다.** 즉, 의제의무도 고객에게 약속한 수행의무로 간주될 수 있다.

03

정답 ②

해설 계약에서 가능한 결과가 오직 두 가지라면 **가능성이 가장 높은 금액**이 변동대가의 적절한 추정치일 수 있다.

04

정답 ③

해설 기업이 수행의무를 이행하는 데 따른 특정한 성과와 변동 조건이 명백히 관련되어 있다는 조건은 **거래가격의 배분**과 관련된 것이므로 기간에 걸쳐 수익을 인식하기 위한 기준과는 별개이다.

05

정답 ①

해설 반품권이 있는 재화의 판매에서 **반품의 가능성을 예측할 수 없는 경우,** 고객에게 재화에 대한 통제권을 이전하더라도 수익을 인식할 수 없다. 이 경우 **수익은 반품권이 소멸되는 시점에 인식**한다.

06

정답 ④

해설 매출총이익 = ₩2,400,000(**현금 판매 가격**) - ₩1,200,000 = ₩1,200,000

07

정답 ①

해설 거래가격을 어떻게 산정하는가에 대한 문제이다.

구분	금액
고객 A에게 제품을 판매한 대가	₩100,000
고객 A에게 보상한 금액: **제공받은 재화나 용역의 대가가 아니므로 수익에서 차감**	(₩2,000)
고객 B에게 제품을 판매한 대가: 비현금 대가의 공정가치를 측정하여 수익에 반영	₩140,000
계	₩238,000

08 정답 ②

해설 ① 매출액 = 100개 × ₩200 × (1 - 10%) = ₩18,000

② 매출총이익 = 100개 × (₩200 - ₩100) × (1 - 10%) = ₩9,000

③ 반환제품회수권 = 100개 × ₩100 × 10% = ₩1,000

④ 환불부채 = 100개 × ₩200 × 10% = ₩2,000

09 정답 ②

해설 상품권 판매에 따른 수익 = ₩100,000 × 6장 × (1 - 10%) - 현금환급액 ₩50,000
= ₩490,000

10 정답 ④

해설 (1) 매출총이익 = 100단위 × (₩5,000 - ₩1,500) × 60% = ₩210,000

(2) 판매비와 관리비(**판매 수수료**) = 100단위 × ₩1,000 × 60% = ₩60,000

(3) 당기순이익 = ₩210,000 - ₩60,000 = ₩150,000

CHAPTER 16 건설계약

본문 p.124

01 ④	02 ③	03 ③	04 ③	05 ①	06 ②	07 ④	08 ②	09 ①	10 ④

01 정답 ④

해설 계약을 이행하는 과정에서 낭비된 재료원가, 노무원가 등 계약원가에 반영되지 않은 원가는 발생 시점에 **당기비용**으로 처리한다.

02 정답 ③

해설 (1) 총 계약이익 = ₩1,000,000 - ₩700,000 = ₩300,000

(2) X3년 진행률 = 100% - (**20% + 50%**) = 30%

(3) 이익의 차 = ₩210,000

진행기준 이익 = ₩300,000 × 30% = ₩90,000

완성기준 이익 = ₩300,000

03 정답 ③

해설 (1) X1년 진행률 = ₩500,000/(₩500,000 + ₩1,500,000) = 25%

(2) X2년 누적진행률 = (₩500,000 + ₩300,000)/(₩500,000 + ₩300,000 + ₩800,000)
= 50%

(3) X2년 이익 = ₩10,000,000 × (50% - 25%) - ₩300,000 = ₩2,200,000

04 정답 ③

해설 (1) X2년 진행률 = ₩3,000,000/(₩2,000,000 + ₩3,000,000) = 60%

(2) X2년 이익 = {₩6,000,000 - (₩2,000,000 + ₩3,000,000)} × 60%
= ₩600,000

05 정답 ①

해설 (1) X1년 진행률 = ₩200,000/(₩200,000 + ₩600,000) = 25%

(2) X1년 이익 = {₩2,000,000 - (₩200,000 + ₩600,000)} × 25% = ₩300,000

(3) X2년 누적진행률 = (₩200,000 + ₩400,000)/(₩200,000 + ₩400,000 + ₩600,000)
= 50%

(4) X2년 누적이익 = {₩2,000,000 - (₩200,000 + ₩400,000 + ₩600,000)} × 50%
= ₩400,000

(5) X2년 이익 = ₩400,000 - ₩300,000 = ₩100,000

06 정답 ②

해설 건설계약의 결과를 신뢰성 있게 추정할 수 없고 원가의 회수가능성도 낮다면 **수익은 인식하지 않고, 원가는 즉시 비용으로 처리**한다.

07 정답 ④

해설 계약자산(**미청구공사**)은 '회계상 한 일(**미성공사**)'과 '청구한 금액'의 차이이다.

(1) 미성공사 = ₩100,000 × 누적진행률 = ₩75,000

누적진행률 = ₩30,000/₩40,000 = 75%

(2) 미청구공사 = 미성공사 - 청구한 금액 = ₩75,000 - (₩23,000 + ₩47,000) = ₩5,000

08 정답 ②

해설 (1) X2년 누적진행률 = (₩80,000 + ₩160,000)/(₩80,000 + ₩160,000 + ₩60,000) = 80%

(2) 미성공사 = ₩500,000 × 80% = ₩400,000

(3) 진행청구액 = ₩380,000

따라서 X2년 말 재무상태표상 계약자산(미청구공사) 금액은 ₩20,000(₩400,000 - ₩380,000)이다.

09 정답 ①

해설 총 예정원가와 진행률을 신뢰성 있게 추정할 수 없는 경우 수익을 진행기준으로 인식할 수 없다. 따라서 **발생원가의 범위 내에서 회수가능한 금액을 수익으로 인식**하는 회수가능기준을 사용한다. 발생원가의 회수가능성은 높다고 판단되므로 수익이 ₩1,000,000 발생하는 한편, 발생원가도 ₩1,000,000이므로 공사이익은 ₩0이다.

10 정답 ④

해설 건설계약의 진행률을 신뢰성 있게 측정할 수 없는 경우 **이익을 인식하지 않는다.**

CHAPTER 17 회계변경과 오류수정 [1]

본문 p.128

01 ③	02 ①	03 ②	04 ④	05 ②	06 ①	07 ③	08 ④	09 ③	10 ①

01 정답 ③

해설 회계정책의 변경과 회계추정의 변경을 구분하기 어려운 경우 **회계추정의 변경으로 간주**한다.

02 정답 ①

해설 **유형자산의 감가상각과 관련하여 내용연수, 잔존가치, 감가상각방법의 변경은 모두 회계추정의 변경에 해당한다.**

03 정답 ②

해설 예외적으로, 원가모형으로 측정하던 유형자산에 최초로 재평가모형을 적용하는 경우 소급하지 않고 재평가 개시일부터 **전진적으로 적용**한다.

04 정답 ④

해설 과거에 잘못 측정하였던 추정치를 올바르게 하는 것은 **회계추정의 변경이 아니라 오류수정**이다.

05 정답 ②

해설 (1) X2년 말 감가상각 후 장부금액 = ₩1,000,000 - {₩1,000,000 × (4 + 3)/10} = ₩300,000

(2) X3년 말 감가상각비 = (₩300,000 - ₩20,000)/4 = ₩70,000

06 정답 ①

해설 (1) X1년 말 감가상각 후 장부금액 = ₩3,600,000 - ₩3,600,000 × 5/15 × **10/12**
= ₩2,600,000

10개월(X1년 3월 1일부터 X1년 12월 31일까지)에 대한 감가상각비 인식

(2) X2년 말 감가상각비 = ₩2,600,000 × **12/50** = ₩624,000

잔존내용연수: 60개월(5년) - 10개월 = 50개월

07 정답 ③

해설 (1) X1년 말 장부금액 = ₩100,000 - ₩100,000/5 = ₩80,000

(2) X2년 말 감가상각비 = ₩80,000 × 4/10 = ₩32,000

(3) X2년 말 장부금액 = ₩80,000 - ₩32,000 = ₩48,000

08 정답 ④

해설 자동조정오류일지라도, **그 효과가 상쇄되기 전에 발견되는 경우 예외 없이 오류수정 회계처리를 적용한다.**

09

정답 ③

해설 당기에 취득한 재평가모형 적용 유형자산의 평가이익은 재평가잉여금(기타포괄손익)으로 인식한다.

구분	인식	금액
공정가치모형 적용 투자부동산의 평가이익	당기손익	₩10,000
당기손익-공정가치 측정 금융자산 취득 시 거래원가	당기손익	(₩20,500)
당기에 취득한 재평가모형 적용 유형자산의 평가이익	기타포괄손익	–
계		(₩10,500)

10

정답 ①

해설 (1) 기말재고자산 과소계상 → 매출원가 과대계상 → 당기순이익 과소계상

(2) 기말재고자산 과대계상 → 매출원가 과소계상 → 당기순이익 과대계상

(3) 선급비용 과소계상 → 당기순이익 과소계상

오류수정표		
구분	X1년	X2년
수정 전 손익		₩200,000
기말재고자산 과소계상	₩10,000	(₩10,000)
기말재고자산 과대계상		(₩14,000)
선급비용 과소계상	₩5,000	(₩5,000)
		₩2,000
수정 후 손익		₩173,000

CHAPTER 17	회계변경과 오류수정 [2]	본문 p.132

01 ①	02 ②	03 ①	04 ④	05 ③	06 ②	07 ①	08 ③	09 ④	10 ③

01

정답 ①

해설 감가상각자산의 측정모형의 변경은 회계정책의 변경에 해당한다. 나머지는 전부 회계추정의 변경이다.

02

정답 ②

해설 ① 정액법으로 감가상각하는 경우 내용연수가 길어지면 감가상각비가 감소해 당기순이익이 증가한다.

② 정액법에 비해 **정률법의 경우 초기 감가상각비가 크게 계상**되므로 당기순이익이 감소한다.

③ 재고자산의 매입단가가 계속 상승할 때, 재고자산 단위원가 결정방법을 선입선출법으로 하면 기말재고자산이 늘어나는 대신 매출원가가 감소하여 당기순이익이 증가한다.

④ 비용을 자본적 지출로 처리하면 당기순이익이 증가한다.

03

정답 ①

해설 오류가 발생한 과거 기간의 재무제표가 비교표시되지 않으면 **비교표시 가능한 가장 이른 과거 기간** 재무정보의 기초 금액을 다시 작성한다.

04

정답 ④

해설 (1) X2년 말 감가상각 후 장부금액 = ₩1,500,000 - (₩1,500,000 - ₩100,000) × 2/7
= ₩1,100,000

(2) X3년 말 감가상각비 = (₩1,100,000 - ₩50,000) × **5/15** = ₩350,000

05

정답 ③

해설 (1) X1년 말 감가상각 후 장부금액 = ₩200,000 - (₩200,000 - ₩40,000)/4 = ₩160,000

(2) X2년 말 감가상각비 = (₩160,000 - ₩25,000) × 5/15 = ₩45,000

(3) X2년 말 감가상각 후 장부금액 = ₩160,000 - ₩45,000 = ₩115,000

06

정답 ②

해설 (1) X2년 말 감가상각 후 장부금액 = ₩100,000 - ₩100,000 × 2/5 = ₩60,000

(2) X3년 말 감가상각비 = ₩60,000 × 3/6 = ₩30,000

07

정답 ①

해설 당기손익에 ₩40,000을 가산 조정하여야 한다는 것은 현재 ₩40,000 과소 계상되어 있음을 의미한다.

오류수정표	
구분	X1년
자본적지출 인식	₩50,000
감가상각비 인식	(₩10,000)
오류수정	**₩40,000**

08

정답 ③

해설 (1) 기말재고자산 과소계상 → 매출원가 과대계상 → 당기순이익 과소계상

(2) 기말재고자산 과대계상 → 매출원가 과소계상 → 당기순이익 과대계상

오류수정표			
구분	X1년	X2년	X3년
수정 전 손익	₩20,000	₩22,000	₩40,000
기말재고자산 과소계상	₩2,000	(₩2,000)	
		₩3,000	(₩3,000)
기말재고자산 과대계상			(₩4,000)
수정 후 손익			₩33,000

09

정답 ④

해설 (1) 기말재고자산 과대계상 → 매출원가 과소계상 → 당기순이익 과대계상

(2) 선급비용 과소계상 → 당기순이익 과소계상

(3) 미지급비용 과소계상 → 당기순이익 과대계상

오류수정표	
구분	X1년
수정 전 손익	₩50,000
기말재고자산 과대계상	(₩2,000)
선급비용 과소계상	₩3,000
미지급비용 과소계상	(₩2,500)
자본적지출 인식	₩10,000
감가상각비 인식	(₩2,000)
수정 후 손익	₩56,500

10

정답 ③

해설 X1년에 비품의 취득원가를 당기비용으로 처리한 부분을 취소하고, 매년 말 감가상각비를 인식한다.

오류수정표		
구분	X1년	X2년
수정 전 손익		₩2,000,000
비품 과소계상	₩1,000,000	
감가상각비 인식	(₩170,000)	(₩170,000)
수정 후 손익		₩1,830,000

CHAPTER 17 회계변경과 오류수정 [3]

본문 p.136

01 ①	02 ④	03 ②	04 ①	05 ③	06 ②	07 ④	08 ②	09 ①	10 ①

01 정답 ①

해설 전기오류수정은 **이익잉여금**으로 보고하고, 비교 재무제표를 다시 작성해야 한다.

02 정답 ④

해설 ① 장기건설계약의 회계처리방법을 완성기준에서 진행기준으로 변경하는 것은 **오류수정**에 속한다.

② 원가흐름의 가정을 변경하는 것은 **회계정책의 변경**이고, 전기 재무제표를 다시 작성한다.

③ 충당부채로 인식하여야 하는 항목을 우발부채로 처리한 후 나중에 충당부채로 인식하는 것은 **오류수정**에 속하고, 전기 재무제표를 다시 작성한다.

④ 한국채택국제회계기준이 허용하지 않는 방법에서 한국채택국제회계기준이 허용하는 방법으로 변경하는 것이기 때문에 오류수정에 속한다.

03 정답 ②

해설 ① 자기주식처분이익은 기업회계기준상 자본잉여금으로 분류되므로 당기순이익에 영향을 미치지 않는다.

② 손상차손을 계상하지 않아 당기순이익이 과대계상된다.

③, ④ 기타포괄손익에 영향을 미친다.

04 정답 ①

해설 (1) X1년 말 감가상각 후 장부금액 = ₩1,000,000 - (₩1,000,000 - ₩130,000) × 1/6 × **6/12**
= ₩927,500

(2) X2년 말 감가상각비 = (₩927,500 - ₩27,500) × 3/6 = ₩450,000

(3) X2년 말 장부금액 = ₩927,500 - ₩450,000 = ₩477,500

05 정답 ③

해설 ① 기말 재무상태표상 전기이월 이익잉여금은 ₩2,750,000 증가한다.

② 기말 포괄손익계산서상 당기비용은 ₩1,000,000 발생한다.

③ 기말 재무상태표상 이익잉여금은 ₩1,750,000(₩2,750,000 - ₩1,000,000) 증가한다.

④ 기말 재무상태표상 선급보험료는 ₩1,750,000(₩2,750,000 - ₩1,000,000) 증가한다.

오류수정표		
구분	X1년	X2년
선급보험료	₩2,750,000	(₩1,000,000)

06 정답 ②

해설 이미 판매된 재고자산 금액(₩20,000)이 실사에 포함되어 기말재고자산이 과대계상됨에 따라 매출원가는 과소계상된다. 따라서 당기순이익은 ₩20,000만큼 과대계상된다.

07 정답 ④

해설 고의나 과실로 재무상태표 계정을 잘못 분류하는 경우 **오류수정**이 필요하다.

08 정답 ②

해설 감가상각비는 **비자동조정오류**이다.

09 정답 ①

해설 당기 손익에 ₩140,000을 차감 조정하여야 한다는 것은 현재 ₩140,000 과대 계상되어 있음을 의미한다.

오류수정표	
구분	X1년
기계장치 자본적지출 인식	₩200,000
감가상각비 인식	(₩60,000)
차량운반구 자본적지출 제거	(₩420,000)
감가상각비 제거	₩140,000
오류수정	(₩140,000)

10 정답 ①

해설 기초상품의 오류는 전기 말 상품의 오류로 보고 오류수정 회계처리를 수행한다.

오류수정표		
구분	X1년	X2년
수정 전 손익		₩2,000,000
미지급비용 과소계상		(₩180,000)
미수수익 과소계상		₩200,000
기초상품 과소계상	**₩370,000**	**(₩370,000)**
기말상품 과대계상		(₩130,000)
수정 후 손익		₩1,520,000

CHAPTER 18	현금흐름표 [1]	본문 p.140

01 ③	02 ④	03 ①	04 ②	05 ①	06 ③	07 ②	08 ④	09 ③	10 ②

01 정답 ③

해설 상각후원가 측정 금융자산의 처분과 관련된 현금의 유입은 **투자활동**으로 분류된다.

02 정답 ④

해설 단기매매목적이 아닌 선물계약, 선도계약, 옵션계약 및 스왑계약에 따른 현금의 유·출입은 **투자활동**으로 분류된다.

03 정답 ①

해설 **금융기관이 지급한 이자**는 구체적인 회계처리 방식에 관계없이 현금흐름표상 **영업활동으로 인한 현금의 유출**로 기록된다.

04 정답 ②

해설

분개법				
	구분	금액	구분	금액
IS			발생주의 영업이익	**₩206,000**
BS	미수수익 증가	₩21,000	선수수익 증가	₩15,000
CF	현금주의 영업이익	₩200,000		

계정증감분석법		
IS	발생주의 영업이익	**₩206,000**
BS	미수수익 증가	(₩21,000)
	선수수익 증가	₩15,000
CF	현금주의 영업이익	₩200,000

05 정답 ①

해설 (1) 이자수익

분개법				
	구분	금액	구분	금액
IS			발생주의 수익	**₩10,900**
BS	미수이자 증가	₩400		
CF	현금주의 수익	₩10,500		

계정증감분석법		
IS	발생주의 수익	₩10,900
BS	미수이자 증가	(₩400)
CF	현금주의 수익	₩10,500

(2) 임대료

분개법				
	구분	금액	구분	금액
IS			발생주의 수익	₩13,000
BS	선수임대료 감소	₩700		
CF	현금주의 수익	₩12,300		

계정증감분석법		
IS	발생주의 수익	₩13,000
BS	선수임대료 감소	(₩700)
CF	현금주의 수익	₩12,300

06

정답 ③

해설 미지급이자 증가 ₩700 = **X1년 말 미지급이자** - ₩1,000

분개법				
	구분	금액	구분	금액
IS	발생주의 이자비용	₩3,000		
BS			선급이자 감소	₩500
			미지급이자 증가	₩700
CF			현금주의 이자비용	₩1,800

계정증감분석법		
IS	발생주의 이자비용	(₩3,000)
BS	선급이자 감소	₩500
	미지급이자 증가	₩700
CF	현금주의 이자비용	(₩1,800)

07

정답 ②

해설 투자 및 재무활동 관련 비용은 법인세비용차감전순이익에 가산하는 한편, 동 활동 관련 수익은 차감하여야 한다.

08 정답 ④

해설 분개법에 따르면 대변 잔액이 ₩410,000 증가하는데, 미지급비용이 부채 항목이므로 결국 미지급비용 잔액이 증가하였음을 의미한다.

분개법				
	구분	금액	구분	금액
IS				
BS	선수수익 감소	₩210,000	매출채권 감소	₩270,000
			선급비용 감소	₩130,000
			미지급비용 증가	**₩410,000**
CF	영업활동 현금흐름 증가	₩600,000		

계정증감분석법		
IS		
BS	매출채권 감소	₩270,000
	선수수익 감소	(₩210,000)
	선급비용 감소	₩130,000
	미지급비용 증가	**₩410,000**
CF	영업활동 현금흐름 증가	₩600,000

09 정답 ③

해설 투자활동 현금흐름(순액) = 현금유입 ₩170,000 - 현금유출 ₩30,000 = ₩140,000

10 정답 ②

해설 장기대여금의 회수에 따른 현금의 유입은 재무활동으로 **분류될 수 없다.**

CHAPTER 18	현금흐름표 [2]	본문 p.144

01 ①	02 ②	03 ④	04 ③	05 ②	06 ①	07 ④	08 ②	09 ④	10 ③

01

정답 ①

해설 주식배당은 이익잉여금을 주식으로 전환하는 자본거래로, 실제 현금이 유출되지 않는다.

02

정답 ②

해설 보험회사의 경우 보험금에 대한 현금의 유출은 **영업활동**으로 분류된다.

03

정답 ④

해설

분개법				
	구분	금액	구분	금액
IS	소모품비	**₩350,000**		
BS	소모품 증가	₩150,000		
CF			현금지급액	₩500,000

계정증감분석법		
IS	소모품비	**(₩350,000)**
BS	소모품 증가	(₩150,000)
CF	현금지급액	(₩500,000)

04

정답 ③

해설 ㄱ. 이자수익 = ₩240,000 × 10% × **6/12** = ₩12,000

ㄷ. 임대료 = ₩60,000 × **2/6** = ₩20,000

구분	발생기준	현금기준
ㄱ	₩12,000	
ㄴ	(₩20,000)	
ㄷ	₩20,000	₩60,000
계	₩12,000	₩60,000

05

정답 ②

해설 (1) 임차료

분개법				
	구분	금액	구분	금액
IS	발생주의 임차료	₩130,000		
BS	선급임차료 증가	₩23,000		
CF			현금주의 임차료	**₩153,000**

계정증감분석법		
IS	발생주의 임차료	(₩130,000)
BS	선급임차료 증가	(₩23,000)
CF	현금주의 임차료	**(₩153,000)**

(2) 이자비용

분개법				
	구분	금액	구분	금액
IS	발생주의 이자비용	₩62,000		
BS	미지급이자 감소	₩18,000		
CF			현금주의 이자비용	**₩80,000**

계정증감분석법		
IS	발생주의 이자비용	(₩62,000)
BS	미지급이자 감소	(₩18,000)
CF	현금주의 이자비용	**(₩80,000)**

06 정답 ①

해설 발생주의 순이익에 포함되어 있는 감가상각비는 제거한다.

분개법				
	구분	금액	구분	금액
IS			발생주의 순이익	**₩60,000**
			감가상각비	₩5,000
BS	매출채권 증가	₩5,000	매입채무 증가	₩8,000
			미수수익 감소	₩2,000
CF	현금주의 순이익	₩70,000		

계정증감분석법		
IS	발생주의 순이익	**₩60,000**
	감가상각비	₩5,000
BS	매출채권 증가	(₩5,000)
	매입채무 증가	₩8,000
	미수수익 감소	₩2,000
CF	현금주의 순이익	₩70,000

07 정답 ④

해설 영업활동 현금흐름을 간접법으로 구하기에 앞서, 투자활동 및 재무활동 현금흐름 정보를 걸러낸다. 즉, 투자활동 현금흐름인 '건물매입', 재무활동 현금흐름인 '사채상환' 및 '유상증자'는 불필요한 정보이다. 한편, 법인세비용차감전순이익에 포함되어 있는 감가상각비 및 유형자산처분손실은 제거한다.

분개법				
	구분	금액	구분	금액
IS			법인세비용차감전순이익	₩1,200,000
			감가상각비	₩34,000
			유형자산처분손실	₩18,000
BS	매입채무 감소	₩130,000		
	매출채권 증가	₩160,000		
	재고자산 증가	₩200,000		
CF	영업활동 현금흐름	**₩762,000**		

계정증감분석법		
IS	법인세비용차감전순이익	₩1,200,000
	감가상각비	₩34,000
	유형자산처분손실	₩18,000
BS	매입채무 감소	(₩130,000)
	매출채권 증가	(₩160,000)
	재고자산 증가	(₩200,000)
CF	영업활동 현금흐름	**₩762,000**

08 정답 ②

해설 분개법에 따르면 차변 잔액이 ₩59,000 증가하는데, 이는 **자산의 증가 또는 부채의 감소**를 의미한다. 당기순이익에 포함되어 있는 감가상각비는 제거한다.

분개법				
	구분	금액	구분	금액
IS			당기순이익	₩100,000
			감가상각비	₩17,000
BS	매출채권 증가	₩40,000	매입채무 증가	₩10,000
	선수수익 감소	₩10,000	선급비용 감소	₩12,000
		₩59,000		
CF	영업활동 현금흐름	₩30,000		

계정증감분석법		
IS	당기순이익	₩100,000
	감가상각비	₩17,000
BS	매출채권 증가	(₩40,000)
	매입채무 증가	₩10,000
	선급비용 감소	₩12,000
	선수수익 감소	(₩10,000)
		(₩59,000)
CF	영업활동 현금흐름	₩30,000

09 정답 ④

해설 영업활동 현금흐름을 간접법으로 구하기에 앞서, 투자활동 현금흐름 정보를 걸러낸다. 즉, 투자활동 현금흐름인 '건물매각'은 불필요한 정보이다. 한편, 당기순이익에 포함되어 있는 감가상각비 및 유형자산처분이익은 제거한다.

분개법				
	구분	금액	구분	금액
IS			당기순이익	₩20,000
	유형자산처분이익	₩500	감가상각비	₩1,000
BS	재고자산 증가	₩2,500		
	미지급보험료 감소	₩1,200		
CF	영업활동 현금흐름	₩16,800		

계정증감분석법		
IS	당기순이익	₩20,000
	감가상각비	₩1,000
	유형자산처분이익	(₩500)
BS	재고자산 증가	(₩2,500)
	미지급보험료 감소	(₩1,200)
CF	영업활동 현금흐름	₩16,800

10 정답 ③

해설 (1) 토지 처분 시 실제 현금의 유입이 없으므로, 현금흐름표상 관련 투자활동 현금흐름은 없다.
(2) 건물 처분으로 인한 현금의 유입 = ₩40,000

CHAPTER 18	현금흐름표 [3]	본문 p.148

본문 p.148

01 ④ 02 ② 03 ① 04 ② 05 ① 06 ④ 07 ④ 08 ② 09 ③ 10 ②

01

정답 ④

해설 차입금을 상환하는 것은 **재무활동** 현금흐름에 속한다.

02

정답 ②

해설 현금주의 관점에서 미수이자수익은 현금의 유입이 **없으므로 수익으로 인식하지 않는다.**

03

정답 ①

해설 4월 6일 매출원가 = 기초 ₩40,000 + 매입 ₩120,000 - 기말 ₩15,000 = ₩145,000

일자	발생기준	현금기준
4월 3일	₩300,000	₩210,000
4월 6일	**(₩145,000)**	(₩100,000)
4월 25일	(₩15,000)	(₩12,500)
계	₩140,000	₩97,500

04

정답 ②

해설

분개법				
	구분	금액	구분	금액
IS			매출액	**₩201,000**
BS	매출채권 증가	₩18,000	선수금 증가	₩17,000
CF	현금주의 순이익	₩200,000		

계정증감분석법		
IS	매출액	**₩201,000**
BS	선수금 증가	₩17,000
	매출채권 증가	(₩18,000)
CF	현금주의 순이익	₩200,000

05

정답 ①

해설

분개법				
	구분	금액	구분	금액
IS	발생주의 이자비용	₩10,000		
BS			미지급이자 증가	₩2,500
			선급이자 감소	₩1,400
CF			현금주의 이자비용	**₩6,100**

계정증감분석법		
IS	발생주의 이자비용	(₩10,000)
BS	미지급이자 증가	₩2,500
	선급이자 감소	₩1,400
CF	현금주의 이자비용	(₩6,100)

06

정답 ④

해설 당기순이익에 포함되어 있는 감가상각비 및 유형자산처분이익은 제거한다.

분개법				
	구분	금액	구분	금액
IS	유형자산처분이익	₩80,000	당기순이익	₩1,000,000
			감가상각비	₩28,000
BS	매출채권 증가	₩14,000	선급비용 감소	₩30,000
	미지급비용 감소	₩23,000	매입채무 증가	₩10,000
CF	영업활동 현금흐름	₩951,000		

계정증감분석법		
IS	당기순이익	₩1,000,000
	감가상각비	₩28,000
	유형자산처분이익	(₩80,000)
BS	매출채권 증가	(₩14,000)
	매입채무 증가	₩10,000
	선급비용 감소	₩30,000
	미지급비용 감소	(₩23,000)
CF	영업활동 현금흐름	₩951,000

07

정답 ④

해설 (1) 당기순이익에 포함되어 있는 감가상각비 및 유형자산처분이익은 제거한다.

(2) 당기순이익에 포함되어 있는 대손상각비 및 재고자산평가손실은 따로 조정하지 않는다. 한편, 매출채권 및 재고자산의 경우 대손충당금 및 재고자산평가손실을 반영한 장부금액의 현금흐름을 분석하여야 한다.

분개법				
	구분	금액	구분	금액
IS	유형자산처분이익	₩310,000	당기순이익	₩670,000
			감가상각비	₩220,000
BS	매출채권 증가	₩130,000	재고자산 감소	₩50,000
CF	영업활동 현금흐름	₩500,000		

계정증감분석법		
IS	당기순이익	₩670,000
	감가상각비	₩220,000
	유형자산처분이익	(₩310,000)
BS	매출채권 증가	(₩130,000)
	재고자산 감소	₩50,000
CF	영업활동 현금흐름	₩500,000

08

정답 ②

해설 (1) 감가상각비: 주어진 정보들을 활용해 '(기계장치)감가상각누계액 T' 계정을 채운다.

(기계장치) 감가상각누계액

차변		대변	
처분	₩78,000	기초	₩90,000
기말	₩40,000	감가상각비	《₩28,000》

(2) 기계장치처분이익 = 처분금액 - 장부금액

= ₩20,000 - (₩100,000 - ₩78,000) = ₩2,000 손실

(3) 분개법

분개법				
	구분	금액	구분	금액
IS	유형자산처분손실	₩2,000		
	감가상각비	₩28,000		
BS	기계장치취득원가 증가	₩115,000		
	감가누계액의 감소	₩50,000		
CF			투자활동으로 인한 현금유출	₩195,000

09

정답 ③

해설 주어진 정보들을 활용해 '차량운반구 T' 계정을 채운다.

차량운반구

차변		대변	
기초	₩210,000	처분	₩50,000
취득	₩80,000	기말	₩240,000

투자활동관련 현금유출액은 차량운반구의 취득금액 ₩80,000이다.

10

정답 ②

해설 일반적으로 배당금의 지급은 자본금이 유입된 결과에 따른 것이므로 재무활동으로 분류한다. 그러나 회사가 영업활동으로 분류할 수도 있다.

한편, 투자활동이나 재무활동의 결과가 아닌 배당수입, 이자수입 및 이자지급은 영업활동으로 분류한다. 투자활동이나 재무활동의 결과로 수취하거나 지급하는 배당과 이자는 각각 투자활동과 재무활동으로 분류할 수도 있다.

CHAPTER 18	현금흐름표 [4]	본문 p.152

01 ③	02 ②	03 ②	04 ④	05 ①	06 ④	07 ②	08 ①	09 ③	10 ④

01 정답 ③

해설 대여금을 회수하는 것은 **투자활동** 현금흐름에 속한다.

02 정답 ②

해설 간접법에 따라 영업활동 현금흐름을 작성하는 경우 감가상각비는 **당기손익에 가산하여 표시**한다. 왜냐하면 이는 **실제 현금의 유출을 수반하지 않는 비용**이기 때문이다.

03 정답 ②

해설

분개법				
	구분	금액	구분	금액
IS			발생주의 순이익	**₩313,500**
BS	선수수익 감소	₩5,500	미수수익 감소	₩7,000
	선급비용 증가	₩22,000	미지급비용 증가	₩7,000
CF	현금주의 순이익	₩300,000		

계정증감분석법		
IS	발생주의 순이익	**₩313,500**
BS	미수수익 감소	₩7,000
	선수수익 감소	(₩5,500)
	미지급비용 증가	₩7,000
	선급비용 증가	(₩22,000)
CF	현금주의 순이익	₩300,000

04 정답 ④

해설

분개법				
	구분	금액	구분	금액
IS			발생주의 수익	**₩3,220,000**
BS	매출채권 증가	₩480,000	선수수익 증가	₩60,000
CF	현금주의 수익	₩2,800,000		

계정증감분석법		
IS	발생주의 수익	**₩3,220,000**
BS	매출채권 증가	(₩480,000)
	선수수익 증가	₩60,000
CF	현금주의 수익	₩2,800,000

05

정답 ①

해설

분개법				
	구분	금액	구분	금액
IS	매출원가	**₩158,000**		
BS	재고자산 증가	₩110,000	매입채무 증가	₩38,000
CF			매입에 따른 현금유출	₩230,000

계정증감분석법		
IS	매출원가	**(₩158,000)**
BS	재고자산 증가	(₩110,000)
	매입채무 증가	₩38,000
CF	매입에 따른 현금유출	(₩230,000)

06

정답 ④

해설 (1) 현금기준: 회수 ₩50,000 + 지급 (₩65,000) = 순현금유출 (₩15,000)

(2) 발생기준: 매출 ₩140,000 + 매출원가 (₩100,000) = 순이익 ₩40,000

07

정답 ②

해설 영업활동 현금흐름을 간접법으로 구하기에 앞서, 재무활동 현금흐름 정보를 걸러낸다. 즉, 재무활동 현금흐름인 '장기차입금'은 불필요한 정보이다. 한편, 당기순이익에 포함되어 있는 감가상각비 및 유형자산처분손익은 제거한다.

분개법				
	구분	금액	구분	금액
IS	토지처분이익	₩30,000	당기순이익	₩300,000
			건물처분손실	₩140,000
			감가상각비	₩220,000
BS	매출채권 증가	₩60,000	선급보험료 감소	₩20,000
			매입채무 증가	₩80,000
CF	영업활동 현금흐름	**₩670,000**		

계정증감분석법		
IS	당기순이익	₩300,000
	건물처분손실	₩140,000
	감가상각비	₩220,000
	토지처분이익	(₩30,000)
BS	매출채권 증가	(₩60,000)
	선급보험료 감소	₩20,000
	매입채무 증가	₩80,000
CF	영업활동 현금흐름	**₩670,000**

08 정답 ①

해설 영업활동 현금흐름을 간접법으로 구하기에 앞서, 재무활동 현금흐름 정보를 걸러낸다. 즉, 재무활동 현금흐름인 '유상증자' 및 '사채의 상환'은 불필요한 정보이다. 한편, 당기순이익에 포함되어 있는 감가상각비 및 유형자산처분이익은 제거한다.

분개법				
	구분	금액	구분	금액
IS	유형자산처분이익	₩25,000	당기순이익	₩200,000
			감가상각비	₩10,000
BS	매출채권 증가	₩85,000	매입채무 증가	₩60,000
CF	영업활동 현금흐름	**₩160,000**		

계정증감분석법		
IS	당기순이익	₩200,000
	감가상각비	₩10,000
	유형자산처분이익	(₩25,000)
BS	매입채무 증가	₩60,000
	매출채권 증가	(₩85,000)
CF	영업활동 현금흐름	**₩160,000**

09 정답 ③

해설 **이자비용에 대응하는 사채할인발행차금상각액은 현금의 유출이 없는 비용이다.** 따라서 당기순이익에 포함되어 있는 사채할인발행차금 상각액을 제거해야 한다. 감가상각비 및 유형자산 처분손실도 마찬가지이다.

분개법				
	구분	금액	구분	금액
IS			당기순이익	₩180,000
			감가상각비	₩30,000
			사채할인발행차금 상각액	₩30,000
			유형자산처분손실	₩17,000
BS	매출채권 증가	₩24,000	재고자산 감소	₩27,000
	매입채무 감소	₩8,000		
CF	영업활동 현금흐름	**₩252,000**		

계정증감분석법		
IS	당기순이익	₩180,000
	감가상각비	₩30,000
	사채할인발행차금 상각액	₩30,000
	유형자산처분손실	₩17,000
BS	매출채권 증가	(₩24,000)
	재고자산 감소	₩27,000
	매입채무 감소	(₩8,000)
CF	영업활동 현금흐름	**₩252,000**

10 정답 ④

해설 이자수익과 투자 및 재무활동 관련 수익은 법인세비용차감전순이익에 차감하는 한편, 이자비용과 동 활동 관련 비용은 가산하여야 한다.

CHAPTER 19 주당이익

본문 p.156

01 ①	02 ③	03 ②	04 ④	05 ④	06 ②	07 ③	08 ④	09 ①	10 ②

01

정답 ①

해설 기업이 취득한 자기주식은 **다시 발행될 때까지 가중평균유통보통주식수에서 제외한다.**

02

정답 ③

해설 상환우선주는 원금을 상환하는 우선주로 보통주와 무관하다. 즉, 잠재적 보통주가 아니다.

03

정답 ②

해설 ① 공정가치 미만의 유상증자 시 **유상증자분은 유상증자 발행일부터, 무상증자분은 기초 시점으로 소급하여 가중평균한다.**

③ 무상증자는 **비교표시되는 최초 기간의 개시일에 그 사건이 발생한 것으로 보고** 보통주식수를 비례적으로 조정한다.

④ **반희석효과가 발생하는 경우 잠재적 보통주에서 제외**한다.

04

정답 ④

해설 가중평균유통보통주식수 = (1,000주 + 3,000주) × 12/12 + 1,200주 × 3/12 = 4,300주

05

정답 ④

해설 가중평균유통보통주식수

= {10,000주 × **(1 + 20%) × (1 + 10%)**} × 12/12 + {20,000주 × **(1 + 10%)**} × 6/12

= 24,200주

06

정답 ②

해설 기본주당이익 = 보통주 당기순이익/가중평균유통보통주식수

= (₩12,500,000 - 2,000주 × ₩100 × 10%)/10,000주

= ₩1,248

07

정답 ③

해설 (1) 가중평균유통보통주식수 = 1,000주 × (1 + 20%) × 12/12 + 1,600주 × 6/12 = 2,000주

(2) 보통주 당기순이익 = ₩1,000,000 - 1,000주 × ₩100 × 10% = ₩990,000

(3) 기본주당이익 = ₩990,000/2,000주 = ₩495

08

정답 ④

해설 (1) 가중평균유통보통주식수 = (10,000주 + 3,000주) × 12/12 + 8,000주 × 3/12 = 15,000주

(2) 보통주 당기순이익 = ₩3,000,000

(3) 기본주당이익 = ₩3,000,000/15,000주 = ₩200

09

정답 ①

해설 (1) 공정가치 미만의 유상증자 효과 = 1,000주 × ₩80/₩160 = 500주

(2) 무상증자효과 = 1,000주 - 500주 = 500주

(3) 무상증자비율 = 500주/(500주 + 9,500주) = 5%

(4) 가중평균유통보통주식수 = 9,500주 × (1 + 5%) × 12/12 + 500주 × (1 + 5%) × 4/12
= 10,150주

10

정답 ②

해설 (1) 주가수익률 = 5 = ₩2,000/주당이익

(2) 주당이익 = ₩400 = ₩100,000/**가중평균유통보통주식수**

∴ 가중평균유통보통주식수 = 250주

CHAPTER 20 재무비율 [1]

본문 p.160

01 ③	02 ②	03 ④	04 ①	05 ①	06 ②	07 ③	08 ④	09 ①	10 ②

01

정답 ③

해설 (1) 유동자산 = ₩50,000 × 130% = ₩65,000
(2) 당좌자산 = ₩50,000 × 80% = ₩40,000
(3) 기말재고자산 = ₩65,000 - ₩40,000 = ₩25,000
(4) 매출원가 = ₩32,000 + ₩70,000 - ₩25,000 = ₩77,000

02

정답 ②

해설 다음은 **유동비율이 100% 이상이고 동액의 자산 및 부채가 증감하는 상황**을 상정한 경우에 성립한다.
① 유동자산 감소, 유동부채 감소 → 유동비율 증가
② 유동자산 증가, 유동부채 증가 → 유동비율 감소
③ 유동자산 증가, 유동자산 감소 → 유동비율 불변
④ 유동자산 증가 → 유동비율 증가

03

정답 ④

해설 (1) 유동부채 = 매입채무 + 지급어음 A + 미지급급여 + 미지급이자 = ₩40,000
(2) 유동비율 = ₩200,000/₩40,000 = 5

04

정답 ①

해설 (1) 당좌비율 = 130% = ₩1,300,000/유동부채(∴ **유동부채 = ₩1,000,000**)
(2) 유동비율 = 200% = 유동자산/₩1,000,000(∴ **유동자산 = ₩2,000,000**)
(3) 기말재고자산 = ₩2,000,000 - ₩1,300,000 = ₩700,000
(4) 기초재고자산 = ₩7,300,000 + ₩700,000 - ₩2,200,000 = ₩5,800,000

05

정답 ①

해설 (1) 총자산회전율 = 0.5 = 매출액/₩10,000(∴ **매출액 = ₩5,000**)
(2) 매출액순이익률 = 20% = 당기순이익/₩5,000(∴ **당기순이익 = ₩1,000**)
(3) 부채비율 = 300% = 부채/자기자본(∴ **부채 = 자기자본 × 3배**)
(4) 총자산 = ₩10,000 = 부채 + 자기자본 = 자기자본 × 4배(∴ **자기자본 = ₩2,500**)
(5) 자기자본순이익률 = ₩1,000/₩2,500 = 40%

06

정답 ②

해설 (1) 평균매출채권 = (₩11,000 + ₩34,000)/2 = ₩22,500
(2) 매출채권회전율 = 10회 = 매출액/₩22,500(∴ **매출액 = ₩225,000**)
(3) 평균재고자산 = (₩2,000 + ₩2,200)/2 = ₩2,100
(4) 재고자산회전율 = 15회 = 매출원가/₩2,100(∴ **매출원가 = ₩31,500**)
(5) 매출총이익 = ₩225,000 - ₩31,500 = ₩193,500

07

정답 ③

해설 매출채권회전율 = 360일/72일 = 5회

= 당기매출액/{(₩1,000 + ₩2,000)/2}

∴ 당기매출액 = ₩7,500

08

정답 ④

해설 (1) 유동비율 = 200% = 기말유동자산/₩2,000,000(∴ 기말유동자산 = ₩4,000,000)

(2) 당좌비율 = 100% = 기말당좌자산/₩2,000,000(∴ 기말당좌자산 = ₩2,000,000)

(3) 기말재고자산 = ₩4,000,000 - ₩2,000,000 = ₩2,000,000

(4) 재고자산회전율 = 10회 = 당기매출원가/₩2,000,000(∴ 당기매출원가 = ₩20,000,000)

(5) 당기매출총이익 = ₩24,000,000 - ₩20,000,000 = ₩4,000,000

09

정답 ①

해설 ① 주당순이익 = ₩1,000,000/(10,000주 - 2,000주) = ₩125

② 유통주식수 = 10,000주 - 2,000주 = 8,000주

③ 총자산순이익률 = 20% = ₩1,000,000/평균총자산(∴ 평균총자산 = ₩5,000,000)

④ 총자산회전율 = ₩2,500,000/₩5,000,000 = 0.5

10

정답 ②

해설 X2년 거래만 분개하면 다음과 같다.

3월 2일	(차) 매출채권	₩70,000	(대) 매출	₩80,000
	선수금	₩10,000		
	(차) 매출원가	₩32,000	(대) 재고자산	₩32,000

즉, 매출(수익) 및 매출채권과 재고자산의 차액(순유동자산)은 증가하고, 선수금은 감소한다. 이때, 비유동자산에 미치는 영향은 없다.

CHAPTER 20	재무비율 [2]	본문 p.164

01 ④	02 ③	03 ②	04 ②	05 ③	06 ①	07 ④	08 ①	09 ②	10 ③

01 정답 ④

해설 단기차입에 따라 현금(유동자산)이 증가하는 한편, 단기차입금(유동부채)도 함께 증가한다. 이때, 거래 이전 유동비율이 100%였으므로 거래 이후 유동비율은 변함이 없고, 부채비율은 증가한다.

02 정답 ③

해설 (1) 총자산회전율 = 5회 = 매출액/₩3,000,000(∴ **매출액 = ₩15,000,000**)

(2) 순이익 = ₩15,000,000 × 20% = ₩3,000,000

03 정답 ②

해설 (1) 유동자산 = ₩1,200 × 200% = ₩2,400

(2) 매출액 = ₩10,000/80% = ₩12,500

(3) 매출원가 = ₩12,500 - ₩10,000 = ₩2,500

(4) 평균재고자산 = ₩1,000

(5) 재고자산회전율 = ₩2,500/₩1,000 = 2.5회

04 정답 ②

해설 당좌비율은 당좌자산을 유동부채로 나누어 구한다. 이때, **당좌자산은 유동자산에서 재고자산을 차감한 것**이므로 당좌비율을 사용할 경우 재고자산 평가 방법에 영향을 받지 않는다.

05 정답 ③

해설 (1) 평균매입채무 = (₩250,000 + ₩150,000)/2 = ₩200,000

(2) 매입액 = ₩200,000 × 4회 = ₩800,000

(3) 매출원가 = ₩500,000 + ₩800,000 - ₩300,000 = ₩1,000,000

(4) 재고자산회전율 = ₩1,000,000/{(₩500,000 + ₩300,000)/2} = 2.5회

06 정답 ①

해설 (1) 평균 재고자산 = (₩54,000 + ₩30,000)/2 = ₩42,000

(2) 재고자산회전율 = 0.5회 = 매출원가/₩42,000 (∴ **매출원가 = ₩21,000**)

(3) 매출액 = ₩21,000 + ₩60,000 = ₩81,000

07 정답 ④

해설 이자보상비율은 **안정성**을 분석하는 주요 재무비율이다.

08 정답 ①

해설 (1) 유동비율 = 250% = ₩1,000,000/유동부채 (∴ **유동부채 = ₩400,000**)

(2) 당좌비율 = 120% = 당좌자산/₩400,000 (∴ **당좌자산 = ₩480,000**)

(3) 재고자산 = ₩1,000,000 - ₩480,000 = ₩520,000

(4) 재고자산회전율 = 5회 = 매출원가/₩520,000 (∴ **매출원가 = ₩2,600,000**)

(5) 매출원가율 = (**1 - 80%**) = 20% = ₩2,600,000/매출액 (∴ **매출액 = ₩13,000,000**)

09 정답 ②

해설 기말재고자산 금액이 과소계상되면 매출원가는 과대계상되고, 그 결과 매출총이익은 과소계상된다.

(1) 유동비율 = 유동자산(**과소계상**)/유동부채 → 감소

(2) 매출총이익률 = 매출총이익(**과소계상**)/매출 → 감소

10 정답 ③

해설 매출채권회전율이 전기에 비해 감소했다면 매출채권이 현금화되는 속도가 **느려졌다고** 판단할 수 있다.

오정화
회계학

오정화 회계학

매일회계

메가공무원에서 저자 직강
www.megagong.net

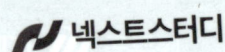

넥스트스터디

2026
7·9급 공무원
회계학 기본 다지기

오정화 회계학

매일회계

- 개정 회계기준 및 최신 기출 경향 완벽 반영
- 기본이론 강의 진도에 맞는 수준별 문제 수록
- 하프 모의고사 형태 구성으로 실전 완벽 연습

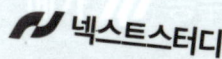

메가공무원
넥스트스터디

공무원 회계학의 혁명

오정화

한국공인회계사 동차합격

前 삼일회계법인

前 삼일아카데미 전임교수

前 국가공인 회계 시험 출제위원

前 공단기 회계학 대표 강사

現 메가공무원 회계학·세법 대표 강사